おうちでつくろう
本場の味

ペク先生の やみつき 韓国ごはん

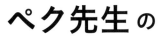

おうちでかんたん！ 家庭料理レシピ

ペク・ジョンウォン 著

小林夏希 訳

はじめに

日々の食事を、もっと豊かなものにしたい。

そのために、自宅でおいしい料理を作って「おうちごはん」を楽しみたいという人は多いでしょう。ただ、あまり料理になじみがない多くの方々は、毎日の献立を考えるだけでも大変です。

「今日はどんな汁物を作って、おかずは何にしよう?」

「スーパーに行っても、いつも同じ食材ばかり買ってしまう」

こんな悩みを抱えているのは、決してあなただけではありません。

そうした悩みを、少しでも解決したい。

そう考えて、私はこの本を作りました。レストランを経営しながら、その一方で休みなくメニューを開発、研究してきた私だけのノウハウを、ここに公開したいと思います。

巷によくある料理本といえば、一般の人があまり知らないような変わったメニューや調理法を掲載するものが多いですが、私はそうしたものよりも、日常で手軽に手に入る食材で、簡単に作って食べられるメニューを集めて、料理初心者の方にもやさしいレシピ本を目指しました。

単に調理の工程を紹介するだけでなく、そこに私だけの「ひとことメモ」を加えることで、料理に不慣れな人が抱くであろう疑問を解決できるようにしています。

「おうちごはん」を楽しもうと思ったら、まずは献立を決めて、そのメニューに合う食材を買うためにスーパーへ行って買い物をするのが普通です。
しかし、私の場合はスーパーを訪れて食材を見渡したら、月・火・水・木・金・土・日と1週間分のメニューを決めてしまいます。

そうやって選んだメニューのパターンを、この本では紹介しています。だから使う食材は、韓国のスーパーで手に入るものばかり。ごはん、スープ、チゲ（鍋物）、おかずなど、韓国の食卓には欠かすことができない定番家庭料理はもちろんのこと、日々の食事だけでなく、晩酌のおつまみや、お客さんが来た際のおもてなし料理にも使えるメニューが満載です。

おいしい「おうちごはん」を作りたいけれど、どこか
らどうやって作ったらいいのか、特に料理初心者
の方は迷ってしまいますよね。だからこの本では、
調理の過程を食材の仕込みからきちんと順番通
り、丁寧に紹介することを心がけました。写真もた
くさん載せているので、ぜひ参考にしてください。
本の通りに作れば、すぐにおいしい韓国ごはんので
きあがりです。

また、調味料も韓国ではおなじみの基本的なもの
ばかりです。計量には、計量カップや計量スプーン
の代わりに、どの家にもあるような食事用スプーン
や紙コップを利用するようにして、気軽に挑戦でき
るようにしています。

本書で紹介しているのは、ありきたりな発想を打ち
破り、私がキッチンで何度も試行錯誤しながらたど
り着いたメニューの数々です。私だけの料理法や
ノウハウが、この本のあちらこちらに詰まっていま
す。

たとえば、チェユクポックン（豚肉のピリ辛炒め）を作る際には、先に豚バラ肉を焼いてからいろいろなヤンニョム（調味料）を混ぜるというやり方であったり、料理にツヤを出しておいしそうな見た目を演出するためにカラメルを使う方法などは、私がオリジナルで考案した調理法です。このほかにも、すぐに真似できるような味や料理の工夫を、たくさん紹介しています。

本書を通じて、手軽で簡単ながら本格的、かつ栄養満点で健康にもよく、おいしい「おうちごはん」をぜひ楽しんでください。

ペク・ジョンウォン

Contents

PART 1

これぞ本場の家庭の味
王道ごはんメニュー

PART 2

カラダもココロも温まる
定番スープメニュー

PART 3

ごはんもお酒も止まらない
絶品おかずメニュー

PART 4

食べれば食べるほどクセになる
かんたん副菜メニュー

調味料の計量について

本書では、調味料の計量に「食事用スプーン」「ティースプーン」「紙コップ」を使います。「大さじ1」は食事用スプーンで小盛り1杯。「小さじ1」はティースプーンで小盛り1杯。「1カップ」は紙コップ1杯（約190mL）、½カップは紙コップ半分（約95mL）とします。また、それ以外の野菜やお肉、海鮮などの材料はグラムでも分量を表示しています。

大さじ1（約15mL）

小さじ1（約5mL）

1カップ 190mL

½カップ 約95mL

基本の調味料＆食材

おいしい料理を作るには、基本の調味料や食材を知っておかなければいけません。韓国料理でよく使われる調味料と食材をまとめました。*

クッカンジャン

韓国ではテンジャンに塩を入れて発酵させた「クッカンジャン（朝鮮しょうゆ）」を味つけに使い、日本では薄口しょうゆがこれに対応します。入れすぎると料理が黒くなるので適量に。

しょうゆ

日本の家庭でも一般的な濃口しょうゆは、韓国では「カンジャン、チンカンジャン」などと呼ばれます。薄口よりも甘くて味が濃く、炒め物、和え物、煮物などに広く使われます。

粉とうがらし

「コチュカル」と呼ばれる赤とうがらしを挽いたパウダー。キムチやチゲには「粗挽き」を、きれいに色を出したい料理には「細挽き」を主に使いますが、基本的にどちらを使っても問題ありません。

テンジャン

大豆をゆでてすりつぶして作った香ばしい味の韓国味噌のひとつ。塩気はありますが、スープやチゲをテンジャンだけで味つけすると、さっぱりしすぎてやや物足りないので注意。

コチュジャン

粉とうがらしと味噌玉麹粉、米粉、塩を混ぜて発酵させた韓国味噌のひとつで、韓国の伝統的な調味料です。和え物、炒め物などに辛さを出したいときに使います。

塩

韓国語で「ソグン」。粗塩、家庭用の一般的な食塩、粒が細かい焼き塩などがあり、キムチの材料などを漬ける際には粗塩、通常の料理の味つけにはその他の塩を使うのが一般的。

砂糖

韓国語で「ソルタン」。最近では白砂糖だけでなくブラウンシュガーを使う人も多いので、お好みで好きなほうを使いましょう。

*編注：韓国食材の多くは一部大型スーパーや韓国食材店、ネットショッピングで入手可能。手に入りづらいものは代用可能な食材を記載。

＊＊編注：しょっつる、ナンプラーなど魚醤ならなんでも代用可能。ただし味の濃さがそれぞれ違うので量は要調整。

ミョルチエキス（魚醤＊＊）

いわゆる「魚醤」。キムチや汁物などに入れるとコクが出ます。入れすぎると特有の生臭さが出るので要注意。イワシと同じくイカナゴの魚醤（カナリエキス）もよく使います。

アミの塩辛

新鮮な小エビを塩漬けした調味料。特有のコクとさっぱりした味が特徴で、韓国では「セウジョッ」と呼ばれるおなじみの食材です。汁物に入れるといいだしが出ます。

ごま油

ごまの香ばしさが強い高級オイルで、韓国語では「チャンキルム」。和え物、炒め物、チャプチェなど多くの料理で、最後の仕上げに入れると風味と香りを加えてくれます。

えごま油

シソ科の植物えごまからしぼった油で、韓国語では「トゥルキルム」。ごま油とは違った香りがあるので、料理の仕上げや、わらびなどのナムルに使うと、風味が増します。

サラダ油

炒め物や揚げ物、煮物などさまざまな場面で登場します。大豆油、コーン油、グレープシードオイル、キャノーラ油など、いわゆる食用油であればどれでもOK。

いりごま／白ごま塩

白ごまを炒ったいりごまを韓国では「トンケ」といいます。トンケに塩を加えて軽くすった白ごま塩のような調味料を「ケソグム」といい、料理の仕上げに使います。

酢

韓国語で「シクチョ」。酸味を出す調味料で、野菜と一緒によく使います。リンゴ酢、レモン酢、玄米酢など、どれでもOKです。

水あめ

韓国では、甘みを出す際に砂糖と一緒（または代わり）に水あめ（ムルヨッ）やオリゴ糖をよく使います。甘みとともにツヤ感を出してくれる調味料です。

カラメル

お肉の煮つけなど、茶色系の料理にカラメルソースを少し入れると、味も見た目もワンランクアップします。

こしょう

韓国語で「ホチュカル」。料理にピリッとスパイシーな味と香りを加えてくれる香辛料です。

もち粉

韓国語で「チャプサルカル」。水に溶かしてキムチを漬ける際の糊にしたり、お粥で米の代わりに使ったりします。キムチには小麦粉でも構いません。

にんにく

みじん切りやペースト状にしたものはパンチのある味つけに欠かせません。また料理によってそのまま使ったり、スライスしたりと、使い方は多種多様です。

しょうが

独特の香りと辛味があり、肉料理や魚料理に使うと、肉や魚のくさみを消してくれます。みじん切りにしたしょうがは、料理に少しずつ入れることで風味が増します。

玉ねぎ

甘さと辛さの両方を味わえる野菜で、みじん切りにして肉やシーフードの炒め物に入れればくさみを取り除いて甘みを引き出してくれます。ミキサーにかけて調味料を作ることも。

長ねぎ／わけぎ

ねぎは韓国料理で最も多く使われる香辛野菜。長ねぎはやや辛めで、料理の味を引き締めてくれます。わけぎ（または小ねぎ）は辛さが少なく、細かく刻んで和え物やチヂミに加えます。

生とうがらし＊＊＊

韓国で一般的なのは青とうがらし（プッコチュ）と赤とうがらし（ホンコチュ）。熟すほど赤くなっていき、辛さが増します。また激辛で知られる青陽とうがらし（チョンヤンコチュ）なども人気です。

＊＊＊編注：とうがらしを素手で触ると痛みを感じることがあるので、必ず使い捨ての手袋などを使って調理しましょう。

PART 1

これぞ本場の家庭の味
王道ごはんメニュー

ごはんを中心に、汁物、主菜・副菜のおかずが並ぶのが、韓国の一般的な食卓です。

日本と同じように白米を食べることも多いですが、一方で、お粥やビビンバ、チャーハンや、トッポッキのようにお餅を使った料理も主食として親しまれています。

まずは、ごはんものを中心に、本場の食卓でよく登場する王道の主食メニューから紹介します。

牛乳粥（タラクチュ）

타락죽

お米と具材をじっくりコトコト煮込んで作るお粥は、韓国料理の定番メニュー。
なかでも牛乳粥は、昔から滋養食として親しまれてきた宮廷料理のひとつです。
今も朝食や病院食、離乳食など幅広く活用される栄養満点の一品をめしあがれ。

材料（4人分）

米	½カップ（75g）
牛乳	3カップ（約570mL）
水	3カップ（約570mL）
塩	大さじ½
砂糖	大さじ½
松の実	少々

1 米はきれいに洗い、水に2時間程度浸しておく。米をざるに上げて水気を切り、水3カップと一緒にミキサーにかける。

2 ミキサーで細かくした米を鍋に入れ、強火にかける。

3 お粥が鍋底にくっつかないようにかき混ぜながら炊く。塊ができたら木べらで崩す。

4 沸騰してきたら牛乳3カップを入れる。お粥が鍋にくっついたり、塊ができたりしないようにかき混ぜながら、弱火で20〜30分ほど炊く。

5 お粥が少し固くなってきたら、塩、砂糖を入れて味を調える。

6 1〜2分ほどしてお粥がトロトロになったら火を止める。皿によそって松の実をのせたら完成。

ペク先生の
ひとことメモ

お粥を炊くときは「水の量」に気をつけましょう。水が少ないとお米が煮える前に固くなり、反対に水が多いと炊くのに時間がかかってしまいます。もし水の量が少ないと感じた場合は、お湯を足すようにしましょう。そうするとお粥がやわらかくなりますよ！

アワビ粥（チョンボクチュ）

전복죽

アワビ粥は、栄養が豊富で気力回復によく効く高級滋養食として大人気。
消化もいいので、病気になったときの回復食としても頼もしい一品です。
アワビの肝を細かくみじん切りにして入れれば、風味がグッと増します。

材料（4人分）

米…………………… 1½カップ（220g）
アワビ………………………… 3枚（150g）
にんじん……………………………50g
ごま油……………………………大さじ4
水………………………………………3L
卵………………………………………4個
塩……………………………………小さじ1

1皿分

アワビ粥…………………………1人分
卵黄（上記のうち）………………1個分
ごま……………………………… 少々
ごま油……………………… 大さじ½

1
米はきれいに洗い、水に2時間程度浸しておく。米をざるに上げて水気を切る。

2
アワビは殻と身の間にスプーンを入れて取り外す。

3
キッチンバサミを使って、アワビの肝の部分を切り離して集めておく。このとき、アワビの肝が破れないように注意する。

4
アワビを薄く切っていく。途中で固い歯が出てきたら取り除く。

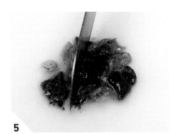

5
3で集めておいたアワビの肝をまな板に移し、細かく刻む。

6
にんじんをみじん切りにする。

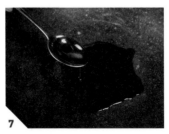

7
鍋を火にかけ、ごま油大さじ4をひく。

8
米を入れて軽く炒めてから、**4**で切ったアワビを入れ、ごま油の香りが均一に広がるように炒める。

9

5で細かく刻んだアワビの肝を加える。

10

米とアワビの身、肝が均等に混ざるように、木べらでかき混ぜながら炒める。

11

アワビに火が通ったら鍋に水を入れる。一度沸騰させてから、弱火にする。

12

お粥が鍋底にくっつかないよう、木べらでかき混ぜながら、50分程度炊く。

13

米がふくらんできたら、塩で味を調える。

14

卵は白身と黄身を分けておく。

ペク先生の
ひとことメモ

アワビの肝を細かく刻んで入れることで苦みが出て、お粥の風味がよくなります。アワビはビタミン、カルシウム、リンが豊富で、肝臓や目にいい食材です。アワビ粥は「疲労回復」にうってつけの、最高のメニューなんです！

15

米がちゃんと炊けてふくらんだ状態になっているか確認する。

16

6のにんじんと、14で分けた卵の白身を鍋に入れ、かき混ぜたらすぐに火を止める。アワビ粥を皿によそい、卵の黄身をのせ、ごま、ごま油をかけたら完成。

カボチャ粥 （ホバクチュ）

호박죽

カボチャのお粥は、ご馳走にも間食にもなる頼もしい家庭料理メニュー。
カボチャは普通のものでも、皮がオレンジ色の完熟カボチャでもOKです。
もち粉の代わりに白玉を使えば、おいしいおやつにもなりますよ。

材料（4人分）

カボチャ ……………………………600g
（または完熟カボチャ………………… 700g）
小豆 ……………………… 大さじ2（50g）
もち粉
　……大さじ2＋水1カップ（約190mL）
水 ………………………3カップ（約570mL）
砂糖 ………………………………… 大さじ3
塩 …………………………………… 大さじ½

1
カボチャは適当な大きさに切って種を取り除き、鍋に湯を沸かしゆでる。火が通ったら取り出して冷ましておく。

2
小豆はきれいに洗い、豆が壊れない程度にゆでた後、ざるに上げて冷ましておく。

3
ゆでたカボチャは皮をとり、小さく切る。

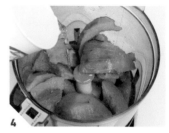

4
カボチャと水3カップをミキサーにかける。

5
ミキサーにかけたカボチャを鍋に入れ、弱火にかけて木べらで混ぜながら煮る。

6
もち粉大さじ2、水1カップを器に入れ、ダマが残らないように溶いておく。

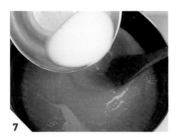

7
鍋のカボチャが煮えはじめたら、**6**の水で溶いたもち粉を加え、かき混ぜながら沸騰させる。

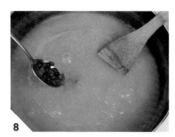

8
もち粉に火が通り、黄色く透き通ってきたら、**2**でゆでておいた小豆を入れる。お粥が鍋底にくっつかないようかき混ぜながらさらに煮る。

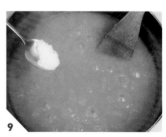

9
砂糖と塩を入れて味を調えたら火を止め、皿に盛りつけて完成。

ビビンバ

비빔밥

炊きたてのごはんに、炒めたお肉、そしてい
ろいろな野菜のナムル。
コチュジャンを使ったビビンジャン（ソース）
で、これらを混ぜればできあがり。
簡単で栄養満点のビビンバは、ヘルシー食
として世界中で注目されています。

材料（4人分）

大根	120g
ズッキーニ（または韓国カボチャ）	100g
にんじん	60g
玉ねぎ	120g
（こしょう…少々）	
しいたけ	60g
わらびの水煮	70g
オルガリ白菜*	100g
（ごま油…大さじ½、ごま…少々）	
豆もやし	120g
ほうれん草	80g
（ごま油…大さじ½）	
豚肉	150g

（サラダ油…大さじ1、すりおろしにんにく…大さじ1、クッカンジャン[薄口しょうゆ]…大さじ3、砂糖…大さじ2½、こしょう…少々、ごま油…大さじ1）

サラダ油	適量
ごはん … 茶碗4杯分（1杯180g×4＝720g）	
卵	4個
ごま	大さじ2

ビビンジャン（ソース）

コチュジャン	大さじ4
水	⅓カップ（約65mL）
砂糖	大さじ1

*編注：オルガリ白菜は、韓国で一般的な晩秋〜初冬に植える白菜。手に入らない場合はズッキーニやほうれん草の量を増やす。

1 大根、ズッキーニ、にんじん、玉ねぎは細かく千切りに。しいたけは薄切りに。わらびの水煮は他の具材と長さをそろえて切る。

2 フライパンに油をひき、1で切った大根、ズッキーニ、にんじん、しいたけを塩を少し振って別々に炒める。火が通ったら皿に移して冷ましておく。

3 1で切った玉ねぎを、こしょうを少し振って炒める。火が通ったら皿に移して冷ましておく。

4 1で切ったわらびを、ごま油を少し入れて炒める。軽く炒めたら皿に移して冷ましておく。

5 豆もやしは湯を沸かして軽くゆで、ざるに上げて水気を切る。オルガリ白菜、ほうれんそうはそれぞれ沸騰したお湯に塩を少々入れて軽くゆでたあと、冷水で洗い、水気を切ったら食べやすい大きさに切っておく。

6 ゆでたほうれん草にごま油大さじ½を入れて和える。

ペク先生の
ひとことメモ

ビビンバは、地域ごとに旬の素材を使うので具材はさまざま。ごはんを一度炒めてナムルなどをのせるものもあれば、ユッケをのせたり、アツアツで食べる石焼きビビンバもあり、個性あふれるものが多く存在します。ほかにも、山が近い地域では山菜をふんだんに使い、海が近い地域ではホヤやタコ、海藻を入れたビビンバが有名です。

7

ゆでたオルガリ白菜は、ごま油大さ
じ½とごまを少々入れて和える。

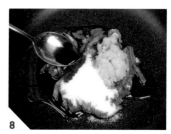

8

豚肉を細切りにして、用意した調味
料（材料欄を参照）と一緒にフライパン
に入れる。

9

豚肉と調味料が均等に混ざり合うよ
うに炒め、火を通す。

10

豚肉に火が通り、調味料が染みこん
だら、ごま油を入れて混ぜる。

11

コチュジャン大さじ4に水⅓カップ、
砂糖大さじ1を混ぜ、ビビンジャンを
作る。また、黄身が割れないよう気
をつけて目玉焼きを作る。

12

作った具材は、皿に1人分を見栄え
よく盛りつけてごはんと別皿で出して
もいいし、ごはんの上に具材を盛り
つけ、最後に目玉焼きをのせてごま
を振ってもOK。

ペク先生の
ひとことメモ

にら、サンチュ、スプラウトもよく合うので、より新鮮な味わいがほしければ生野菜をの
せるといいでしょう。きのこ類も、しいたけだけでなく、ひらたけなどを炒めて加えるのも
おすすめです。ほかにも、韓国では干したズッキーニやしらやまぎく、きゅうりなどの炒
め物や、緑豆寒天、昆布をパリパリに揚げたものを入れる人もいます。

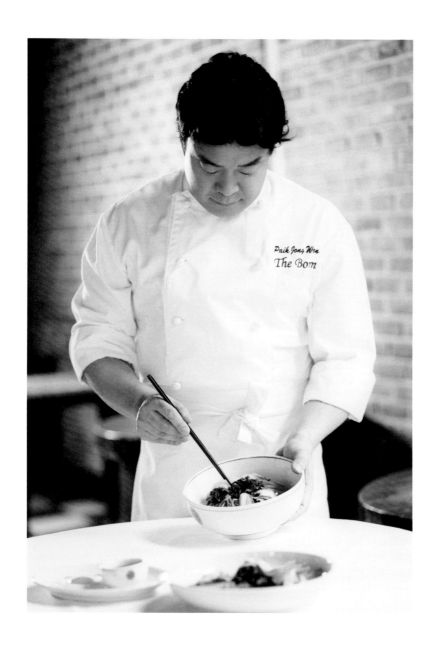

キムチチャーハン

김치볶음밥

ピリ辛のキムチとごはんは、相性抜群の黄金コンビ。
オススメは熟成発酵して少し酸っぱくなった「シンキムチ」を使うこと。
キムチ特有の酸味がより生かされて、格別の味になります。

材料（2人分）

玉ねぎ	90g
にんじん	50g
長ねぎ	50g
キムチ	250g

※熟成発酵した酸っぱいシンキムチがオススメ

豚肉	80g
ごはん	茶碗2杯分（1杯180g×2）
サラダ油	大さじ2
粉とうがらし（粗挽き）	大さじ1
砂糖	大さじ½
こしょう	少々
しょうゆ	大さじ3
ごま油	大さじ1
卵	2個
ごま	少々

ペク先生の
ひとことメモ

キムチチャーハンをおいしくするコツは、野菜を先に炒めてからキムチとごはんを入れること。キムチを早く入れすぎると、火が通りすぎてキムチチゲにごはんを混ぜたような味になってしまいます。まずはお肉を炒め、火が通ったら野菜を炒め、その後でキムチを入れて、少しだけ火を通しましょう。これにより、キムチの歯ごたえを生かすことができます。

1
玉ねぎ、にんじん、長ねぎはみじん切りに。豚肉も細かく切る。キムチは汁を軽くしぼってから食べやすいサイズに小さく切る。

2
ごはんは大きめの器に広げて冷ましておく。

3
熱したフライパンにサラダ油を回し入れ、豚肉を入れる。肉の表面に火が通ったら長ねぎを加えて一緒に炒め、ねぎの香りをつける。

4
次に玉ねぎを入れ、まんべんなく混ぜながら炒める。玉ねぎに少し火が通ったところでにんじんを入れて炒める。

5
粉とうがらし、砂糖、しょうゆ、こしょうを入れ、よく混ぜながら炒める。

6
野菜に調味料が染みこんだら、キムチを入れる。キムチは長く炒めると歯ごたえがなくなってしまうので、6~7割程度を目安に火を通す。

7
ごはんを入れ、木べらで具材とよく混ぜながら炒める。

8
ごはんと具材がよく混ざったら、仕上げにごま油を加える。皿にチャーハンを盛りつけ、お好みで目玉焼きやごまをトッピングしたら完成。

韓国風豚丼 （チェユクトッパプ）

제육덮밥

チェユクポックン（豚肉のピリ辛炒め）をごはんにのせる絶品豚丼。
豚肉はサムギョプサル（豚バラ）やモクサル（肩ロース）のように、
脂身の多い部位を使うと、お肉の脂が染み出て香ばしさがよく出ます。

材料（4人分）

ごはん …………	茶碗4杯分（1杯180g×4）
豚バラ肉 ……………………………	400g
玉ねぎ ………………………………	240g
キャベツ ……………………………	260g
長ねぎ ………………………………	160g
にんじん ……………………………	50g
青とうがらし ………………………	25g
赤とうがらし ………………………	25g
サラダ油 ……………………………	大さじ3
砂糖 …………………………………	大さじ3
粉とうがらし（粗挽き）…………	大さじ4
にんにくのみじん切り …………	大さじ3
しょうゆ ……………………………	大さじ10
ごま油 ………………………………	大さじ3
こしょう ……………………………	少々
ごま …………………………………	少々

1
玉ねぎとキャベツは1cm幅に、長ねぎは玉ねぎの長さに合わせてぶつ切りにして半分に、にんじんは短冊切りにする。生とうがらしは斜めに切る。

2
切った野菜をひとつの器にまとめて混ぜておく。

3
豚肉は4cm×1cmの大きさに薄く切る。サムギョプサル（豚バラ）を使うのが一般的だが、モクサル（肩ロース）を使ってもOK。

4
熱したフライパンにサラダ油をひき、豚肉を炒める。火が通り表面の色が変わってきたら、砂糖を入れて甘みを出す。

5
粉とうがらし、にんにくのみじん切り、しょうゆを加え、混ぜながら炒める。

6
豚肉に調味料が染みわたるように炒めていく。このとき、火が強すぎると調味料が焦げついてしまうので、中火くらいに。

7
フライパンに**2**の野菜を一気に投入する。

8
豚肉と野菜を混ぜながら、強火で手早く炒める。

9
野菜にある程度火が通ったら、こしょうを振り、さらにごま油、ごまを混ぜる。火を止め、白いごはんに盛りつけたら完成。

韓国風雑煮（トック）

떡국

トッククは餅のスープで、正月の朝に家族の無病息災と幸運を願って食べる料理。
牛肉、いりこ、牛骨など、スープの味は家庭によってバリエーション豊か。
具材も溶き卵ではなく錦糸卵を使ったり、炒めた肉を入れたりとさまざまです。

材料（4人分）

トック（スープ用の餅）……………400g
水………………………10カップ（約1.9L）
牛肉…………………………………100g
（ごま油…大さじ1、サラダ油…大さじ1）
にんにくのみじん切り…………大さじ1
クッカンジャン［薄口しょうゆ］
……………………………大さじ2
塩……………………………大さじ½
卵……………………………………2個
長ねぎ………………………………40g
こしょう……………………………少々

1
スープ用に斜めに切られた餅を用意し、水に20〜30分浸けてふやかしておく。

2
牛肉はスネや肩バラなどを用意し、小さく切る。長ねぎは小口切りにしておく。

3
鍋にごま油とサラダ油を大さじ1ずつ回し入れて温める。

4
鍋に牛肉を入れ、油を均等になじませるように炒める。

5
表面が白くなって牛肉に火が通ったら、水を入れる。一度沸騰させたら弱火にして、30分ほど煮込む。

6
牛肉のスープに**1**のふやかした餅を入れ、強火で煮込む。

7
餅がやわらかくなったら、にんにくのみじん切りとクッカンジャンを加える。味見をしながら塩で味を調える。

8
餅が煮えたら、溶き卵を入れて混ぜる。

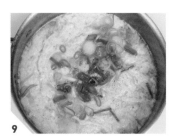

9
最後に長ねぎを加え、軽くこしょうを振ったら完成。

サムゲタン
삼계탕

若鶏のお腹に高麗にんじんやにんにくなどを詰めて
煮込むサムゲタンは、特に疲れやすい夏の時期に、
疲労回復のために飲む韓国伝統の滋養スープです。
高麗にんじんの香りが染みわたったスープと鶏肉で、
暑い夏を乗り切りましょう。

材料

丸鶏 …………………… 1羽（500〜600g）
ふやかしたもち米 ……………… 大さじ3
なつめ ………………………………… 1個
銀杏 ………………………………… 3個
栗 …………………………………… 1個
高麗にんじん ………………… 1本（18g）
にんにく …………………… 3粒（15g）
水 ……………………… 10カップ（約1.9L）

1
サムゲタン用の鶏は500〜600gの
若鶏を準備する。まずは脚の間に包
丁を入れて穴をあけ、お腹の中をき
れいに洗っておく。

2
高麗にんじんをきれいに洗い、鶏のお
腹の中に入れる。

3
にんにくをきれいに洗い、鶏のお腹
の中に入れる。

4
なつめをきれいに洗い、栗は渋皮ま
でむいた状態で、ともに鶏のお腹の
中に入れる。

5
銀杏はフライパンで軽く炒め、殻を
割ってから鶏のお腹の中に入れる。

6
もち米は洗ってから水に入れて1時
間以上ふやしておいたものを用意
し、鶏のお腹の中に入れる。

ペク先生の
ひとことメモ

食べるときはスープに塩を入れて味を調え
ましょう。また、やわらかくなった鶏肉も塩を
つけて食べましょう。お腹の中に詰めたも
ち米やなつめ、にんにくなどの具材は、スー
プに溶かして一緒に食べるのがいいでしょ
う。

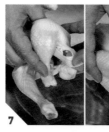

7
鶏の片方の脚を内側にたたみ、逆の
脚をよじってお腹の穴にはめこみ、ふ
たをする。もしくは鶏の脚をクロスさ
せて糸で縛ってもよい。

8
鶏のお腹が上を向くようにして鍋に
入れ、水10カップを入れて80分ほど
煮込んだら完成。

宮中トッポッキ

궁중떡볶이

トッポッキは、軽食店や街中の屋台などで食べられる韓国のソウルフード。
普通はコチュジャンで味つけした赤くて辛いトッポッキがおなじみですが、
しょうゆと野菜、お肉で作れば高級感のある韓国宮中料理にもなります。

材料（4人分）

トッポッキの餅	400g
豚肉（肩ロース）	120g
玉ねぎ	130g
きゅうり	60g
にんじん	60g
しいたけ	50g
長ねぎ	50g
水	⅓カップ（約65mL）
砂糖	大さじ3
にんにくのみじん切り	大さじ1
しょうゆ	⅓カップ（約65mL）
ごま油	大さじ2
こしょう	少々

1 トッポッキの餅は水に浸けてふやかしておく。

2 豚肉は食べやすいサイズに切る。

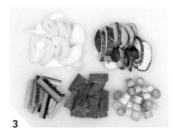

3 しいたけと玉ねぎは0.5cm幅に切る。きゅうりとにんじんは薄切りに、長ねぎは0.5cm幅の小口切りにする。

4 深めの鍋に水⅓カップと砂糖大さじ3を入れ、混ぜながら沸騰させる。そこに豚肉を入れ、甘みが染みわたるように炒める。

5 豚肉に火が通ったら、ふやかしておいた餅とにんにくのみじん切り、しょうゆを入れてさらに炒める。

6 餅がやわらかくなったら、長ねぎ以外の野菜をすべて入れて炒める。

ペク先生の
ひとことメモ

トッポッキ用の餅は、白餅を細くのばしたものです。トッポッキを作る際、水の代わりにいりこだしを使うと、より深い味が出ます。また水に砂糖を少し入れて豚肉を炒めると、お肉に甘みがより染みわたります。野菜は終盤で鍋に入れて、軽く火を通すことで、歯ごたえと色合いが残ります。

7 汁が少なくなり、野菜に半分程度、火が通ってから長ねぎを入れる。

8 火を止めて、こしょうを少々振ってごま油をかけたら完成。

韓国風のり巻き（キンパ）

김밥

のりでごはんと野菜、お肉、卵などの具材を巻いて、
ひと口サイズに切って食べるキンパは、韓国の手軽な国民食。
入れる材料をアレンジすれば、多様な味が楽しめます。

材料（5人分）

きゅうり ………………………… 100g
（塩…小さじ1、砂糖…小さじ1）

たくあん ………………………… 80g
（酢…大さじ2、砂糖…大さじ1、水…大さじ3）

厚切りハム ……………………… 80g
（サラダ油…1カップ＝約190mL）

にんじん ………………………… 80g
（サラダ油…大さじ1、砂糖…小さじ½）

牛ひき肉 ………………………… 90g
（サラダ油…大さじ1、にんにくのみじん切り…大さじ½、砂糖…大さじ2、しょうゆ…大さじ4、カラメル…小さじ½、水…大さじ3、ごま油…大さじ1、こしょう…少々）

卵 …………………………………… 3個
（サラダ油…小さじ1）

ごはん ……… お茶碗4〜5杯分（850g）
（ごま油…大さじ2、塩［うま味調味料入り］…小さじ½、ごま…大さじ1）

のり ……………………………… 5枚

ごま油 …………………………… 少々

1
きゅうりは縦4等分に細く切り、種の部分を取り除く。

2
にんじんは千切りに。たくあん、ハムも1cm程度の太さで細長く切る。

3
きゅうりに塩小さじ1、砂糖小さじ1を振り、30分ほど置いてから水で洗い、水気をしっかり切る。

4
たくあんは酢大さじ2、砂糖大さじ1、水大さじ3を混ぜたものに30分ほど漬けて、水気をしっかり切る。

5
フライパンにサラダ油1カップを入れ、熱くなったらハムを入れて炒める。炒めたハムはキッチンペーパーの上にあげ、余分な油を取る。

6
フライパンにサラダ油大さじ1を引き、にんじんと砂糖小さじ½を入れて手早く炒める。にんじんに半分程度火が通ったところで皿に上げて冷ましておく。

ペク先生の
ひとことメモ

キンパの具材は「あっさり」「酸っぱい」「塩辛い」をバランスよく組み合わせて入れることが重要です。きゅうりを塩に、たくあんを酢に漬けるのはそのためです。また、次のページで炒める牛肉を塩辛い味つけにすることで、全体に深い味わいが増します。

キンパに入れる牛肉は、細かいひき肉か、
細切りにしたものを使って、濃いめのヤン
ニョム（調味料）と一緒に炒めることで、のり巻
き全体の味つけをする役割を担います。ち
なみに、牛肉を炒める際にカラメルを少し入
れると、香りと色味が引き立ちますよ。

7
フライパンにサラダ油大さじ1を引き、
牛ひき肉、にんにく、砂糖、しょうゆ、
カラメル、水、ごま油、こしょうを入れ
て、肉が茶色くなるまで炒める。

8
卵をきれいに溶き、サラダ油小さじ
1をひいて熱したフライパンに流し
入れる。端のほうに火が通ったら丸
めていき、全体に均等に火を通す。

9
卵焼きは完全に冷ました後、1cmの
幅で細長く切っておく。

10
ごはんにごま油、塩、ごまを入れて混
ぜる。

11
巻きす（またはラップなど）を広げてのり
を敷く。のりはザラザラした面が上に
なるように置く。

12
10のごはんを手に取る。のり1枚に
巻くごはんの量は、野球ボール1個
分くらいの大きさが適量。

13
のりの上にごはんをまんべんなく広
げる。このとき、のりの下のほうを3
〜4cmあけておく。

14
ごはんの上に、**5**で炒めたハムをのせ
る。

15
4で酢漬けにしたたくあんをのせる。

16 3で塩漬けにしたきゅうりをのせる。

17 9で切っておいた卵焼きをのせる。

18 6で炒めたにんじんをのせる。

19 7で炒めた牛肉をのせる。

20 並べた材料が崩れないよう4本の指で押さえながら、親指を使って丸めていく。

21 巻きすを徐々に外しながら、のりと具材だけを巻いていく。

22 ごはんがない部分まで完全に丸まったらOK。

ペク先生の
ひとことメモ

具材を多様にアレンジできるのがキンパの魅力。軽くゆでて、ごま油としょうゆで和えたほうれん草や、しょうゆで煮つけたごぼうを使ってもおいしいです。ほかにも、えごまの葉、チーズ、ツナマヨ、とうがらしの漬物、ベーコン、かにかまぼこ、じゃこやキムチなど、組み合わせは無限です。ぜひ、好みの具材を見つけて楽しんでください！

23 キンパの上にごま油を塗る。

24 食べやすいサイズ（2cm幅くらいが目安）にカットして皿に盛りつけたら完成。

PART 2

カラダもココロも温まる
定番スープメニュー

ごはんとセットで、必ず「クンムル（汁物）」を楽しむのが、韓国料理の
大きな特徴のひとつ。
いろいろなだしの風味が楽しめるスープから、具だくさんでボリュー
ム満点のチゲまで、多彩な汁物・鍋物メニューをそろえました。
どれも材料を煮込むだけの簡単レシピなので、韓国定番の味をぜひ
楽しんでください。

牛肉と大根のスープ（ソコギムクッ）

쇠고기무국

炒めた牛肉と大根を煮込むだけでできる韓国の食卓の定番スープ。
深みのある牛肉の味わいと、大根のさっぱりとした甘みは相性抜群です。
薄口しょうゆとごま油を使った味つけが、食欲をそそります。

大根は3〜4cm角の大きさで薄切りにする。

牛肉は細く薄く切り、長ねぎは小口切りにする。

材料（4人分）

大根	400g
牛肉（バラ肉）	100g
長ねぎ	30g
サラダ油	大さじ1
ごま油	大さじ2
水	8カップ（約1.5L）
にんにくのみじん切り	大さじ1
クッカンジャン［薄口しょうゆ］	
	大さじ1
こしょう	少々
塩	適量

鍋にサラダ油とごま油を入れ、牛肉を入れて炒める。

牛肉に火が通ったら大根を入れる。

混ぜながら少し炒め、大根に軽く火を通す。

水を入れて弱火で30分ほど煮込む。

ペク先生の
ひとことメモ

牛肉が固くなってしまう場合は、肉を炒めた後に水を入れ、20分ほど煮込んでから大根を入れましょう。より深い味わいにしたければ、牛肉と大根は塊のまま入れてグツグツ煮込む方法も。先に大根に火が通ったら一度取り出し、冷ましてから薄く切ります。牛肉もやわらかく煮えたら取り出し、冷ましてから切ります。切った具材を鍋に戻し、再度沸騰させればOK!

スープが沸騰してきたら、にんにくのみじん切りとクッカンジャンを入れる。味見をして物足りない場合は塩で味を調え、長ねぎとこしょうを入れて火を止めたら完成。

干しだらのスープ（プゴクッ）

북어국

お酒を飲んだ次の日に、胃腸をやさしく整えてくれる酔いざましスープを、
韓国では「ヘジャンク」と呼びます。その中でも特に二日酔いに効くのが、
たらの栄養が満点でさっぱり香ばしい味わいのプゴクッです。

材料（4人分）

干しだら……………………………40g
大根…………………………………180g
木綿豆腐……………………………180g
長ねぎ………………………………25g
卵……………………………………1個
サラダ油………………………… 大さじ½
ごま油…………………………… 大さじ2½
水……………………………8カップ（約1.5L）
にんにくのみじん切り………… 大さじ1
クッカンジャン［薄口しょうゆ］
………………………………… 大さじ1
アミの塩辛…………………… 大さじ½
こしょう…………………………… 少々

ペク先生の
ひとことメモ

・クッカンジャンはスープにコクを出す一方、入れすぎると黒くなり見栄えが悪いので注意！
・アミの塩辛を少し入れてあげることで、スープがさっぱりした味わいになります。
・溶き卵を入れた後は2〜3秒で火を止めて、あとは余熱で優しく火を通しましょう。

1
大根は0.5cmの太さで長めの千切りにする。

2
豆腐は3cm×4cmの大きさで、1cmの厚さに切る。長ねぎは小口切りに。卵は割って溶きほぐしておく。

3
干しだらは水に浸してすぐに取り出す。たらの風味が抜けてしまうので長く浸さないこと。

4
鍋にサラダ油とごま油をひき、干しだらを炒める。その後、大根を加えて一緒に炒める。

5
大根に火が通りはじめたら、水を入れて中火で煮込む。

6
10〜20分程度煮込んだら、にんにくのみじん切り、クッカンジャン、アミの塩辛を入れて味つけ。味見して物足りないようなら塩（分量外）で味を調える。

7
豆腐を入れて煮込む。ここで長く煮込んでしまうと豆腐が固くなってしまうので、スープが沸騰するくらいまでにする。

8
スープが沸騰したら溶き卵を回し入れてかき混ぜる。

9
こしょうを振り、長ねぎを入れたら火を止めて完成。

韓国風わかめスープ（ミヨック）

미역국

韓国では、赤ちゃんを産んだ後や誕生日に、わかめスープをよく飲みます。
わかめはカルシウムやヨウ素といったミネラルが豊富で、止血作用もあり、
母乳が出やすくなると言われていることから、こうした風習があるのです。

材料（4人分）

乾燥わかめ……………………………12g
水…………………………8カップ（約1.5L）
にんにくのみじん切り……… 大さじ½
クッカンジャン［薄口しょうゆ］
………………………………… 大さじ1
塩…………………………………適量

1 乾燥わかめは水に浸して戻しておく。

2 戻したわかめを軽くすすいで取り出し、水気をしぼって3〜4cmの長さに切る。

3 鍋に水を入れ、わかめを入れて強火で煮込む。沸騰してきたら中火にする。

4 20分ほど煮込んだら、にんにくのみじん切りを入れる。

5 クッカンジャンを入れる。

6 わかめがやわらかくなったら、塩で味を調えれば完成。

ペク先生の
ひとことメモ

わかめをごま油で炒めてから煮込むと、より香ばしい風味が出ます。また、わかめと一緒に昆布を水に入れて火にかけ、沸騰してから昆布を取り出すとスープのうまみが増します。わかめスープは長く煮込むほどおいしくなるので、余裕があれば弱火〜中火で1時間以上煮込むと味に深みが出ますよ！

牛肉とわかめのスープ（ソコギミヨック）

쇠고기 미역국

ミヨック（わかめスープ）に牛肉を入れて、ちょっとグレードアップ。
牛肉がわかめに足りないタンパク質などを補ってくれるのでより栄養価が高く、
さらにお肉のうまみやコクが加わり、食べごたえのあるスープになります。

材料（4人分）

乾燥わかめ……………………………12g
牛肉（バラ肉）………………………100g
クッカンジャン［薄口しょうゆ］
　……………………………… 大さじ2
にんにくのみじん切り ………… 大さじ1
ごま油 ………………………… 大さじ2
サラダ油………………………… 大さじ1
水……………………… 8カップ（約1.5L）
塩…………………………………… 適量

1 乾燥わかめは水に浸して戻しておく。

2 戻したわかめを軽くすすいで取り出し、水気をしぼって3〜4cmの長さに切る。

3 牛肉は食べやすいサイズに切る。

4 鍋にごま油とサラダ油をひいて温める。

5 牛肉を入れて炒め、火が通ったらわかめを入れる。

6 わかめと牛肉を一緒に炒め、わかめの色が鮮明になるまで炒める。

ペク先生の
ひとことメモ

韓国の伝統的な牛肉わかめスープは、牛肉を塊のまま煮込んで火をある程度通し、肉のうまみが十分に染み出たら一度取り出し、次に同じスープでわかめを煮込みます。火を通した牛肉は細かくちぎってスープに戻し、わかめと一緒にグツグツと。これでより深く濃いスープができあがります。

7 鍋に水を入れ、強火にかける。沸騰してきたら中火にして、30分以上煮込む。

8 にんにくのみじん切りとクッカンジャンを入れ、塩で味を調える。もうひと煮立ちさせたら、火を止めて完成。

カルビスープ（カルビタン）

갈비탕

「タン＝湯」は、塩で味つけしたいわゆる「すまし汁」のこと。
カルビタンのコツは、血抜きしたお肉を一度湯がいて下ゆですること。
この手順を踏むことによって、スープがさっぱりとした味わいになります。

材料（4人分）

牛肉（骨付きカルビ）…………………900g	
大根………………………………300g	
昆布…………………………………10g	
長ねぎ………………………………1本	
水…………………………………4L	
にんにくのみじん切り…………大さじ1	
クッカンジャン［薄口しょうゆ］	
…………………………………大さじ5	
塩…………………………………適量	
小口切りした長ねぎ……………適量	
こしょう……………………………少々	

1
骨付きカルビを4～5cmぐらいの食べやすい長さに切る。

2
カルビを血抜きする。途中で水を入れ替えながら、冷水に2時間ほど浸し、終わったら水で軽く洗ってから取り出す。

3
大きめの鍋に湯を沸かし、カルビを入れる。沸騰したらお肉を取り出し、湯は一度捨てる。

4
大きめの鍋に3で湯がいたカルビ、大根、長ねぎ、昆布を入れる。

5
4の鍋に水4Lを入れる。

6
クッカンジャンを加えてから強火で煮込む。

ペク先生の
ひとことメモ

カルビスープを火にかけるときにクッカンジャンや塩で味つけしておくと、煮込んでいる間に肉に味が染みこんでおいしくなります。大根は火が通って中までやわらかくなったら一度取り出し、冷ましてから切り、最後のタイミングでスープに戻します。大根を最後まで煮込むと、やわらかくなりすぎて崩れてしまい、スープが濁ってしまいます。

牧草を食べて育った牛と、穀物などの飼料を食べて育った牛では、肉質が少し違います。煮込む時間を調整して、お肉がやわらかくなるまで火を通しましょう。また、煮込むときは骨と肉が分離してしまわないよう気を配るのがポイントです。

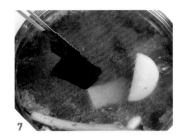

7

スープが沸騰しはじめたら昆布を取り出して、90分ほど煮込む。

8

完全に火が通って煮出し終わった長ねぎは取り出す。

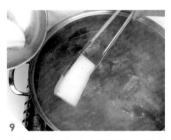

9

大根は火が通ったら取り出して冷ましておく。

10

あくや余計な油分をすくい出しながらスープを煮込む。こうすることでスープがさっぱりする。

11

にんにくのみじん切りを入れ、10分ぐらい煮込んでから火を止める。

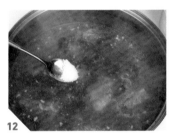

12

塩で味を調える。

13

9で取り出した大根を、3cm×4cmの大きさで、厚さ0.5cmの大きさに切る。

14

器に大根とカルビを盛りつけ、熱々のカルビスープをそそぐ。こしょうを少し振り、小口切りに切っておいた長ねぎをのせたら完成。

いりこ味噌チゲ（ミョルチテンジャンチゲ）

멸치된장찌개

テンジャンを使った味噌チゲは、韓国の食卓で最も愛される定番メニュー。
いりこだしの深い味わいと、テンジャンの香ばしい味が調和したスープに、
ズッキーニやじゃがいもといった野菜や豆腐を入れて作る家庭の味です。

1
煮干しはだし用のいりこを準備し、頭をとる。

2
お腹を切って黒いはらわたを取り除く。

材料（2人分）

煮干し（いりこ）・・・・・・・・・・・・・・・・・20g	
木綿豆腐・・・・・・・・・・・・・・・・・・・・・・・80g	
ズッキーニ（または韓国カボチャ）・・・・・・・30g	
じゃがいも・・・・・・・・・・・・・・・・・・・・・30g	
大根・・・・・・・・・・・・・・・・・・・・・・・・・50g	
玉ねぎ・・・・・・・・・・・・・・・・・・・・・・・40g	
長ねぎ・・・・・・・・・・・・・・・・・・・・・・・30g	
青陽とうがらし*・・・・・・・・・・・・・・・・・・20g	
赤とうがらし・・・・・・・・・・・・・・・・・・・・10g	
米のとぎ汁・・・・・・・・・2カップ（約380mL）	
テンジャン・・・・・・・・・・・・・・・・・・・・100g	
にんにくのみじん切り・・・・・・・・大さじ½	

3
豆腐、ズッキーニ、じゃがいもはさいの目に、大根と玉ねぎは2cm角に切る。長ねぎ、青陽とうがらし、赤とうがらしは小口切りにする。

4
土鍋に米のとぎ汁といりこを入れて火にかける。

5
3で切った大根を入れ、いりこと一緒に煮込む。

6
汁が沸騰したら、テンジャンを溶かし入れて10分ほど煮込む。

ペク先生の
ひとことメモ

味噌チゲを煮込むときは、水ではなく米のとぎ汁（2回目以降のもの）を鍋に入れて煮込むと、スープがとても香ばしくなります。いりこと大根は、米のとぎ汁に最初から入れておいて、沸騰してからテンジャンを溶かすことで、渋みがなくなります。味噌チゲは、弱火で長い時間コトコト煮込むのがコツです。それによって、深い味わいが出ますよ！

7
じゃがいもを入れてさらに5分ほど煮込む。

8
そのほかの具材とにんにくのみじん切りを入れて、ひと煮立ちさせてから火を止めたら完成。

*編注：青とうがらしで代用可能。

牛肉味噌チゲ（ソコギテンジャンチゲ）

쇠고기된장찌개

炒めた牛肉をテンジャンと一緒に煮込む牛肉味噌チゲは、
いりこだしとはまた違った牛肉の濃厚な風味が楽しめる一品です。
牛肉はどの部位でもOKですが、脂身がある部位がオススメです。

1
牛肉は細かいサイズで薄切りにする。

2
豆腐、ズッキーニはさいの目切りにする。大根と玉ねぎは2cm角に切る。青陽とうがらし、赤とうがらし、長ねぎは小口切りにする。

材料（2人分）

牛肉	60g
木綿豆腐	80g
ズッキーニ（または韓国カボチャ）	30g
大根	50g
玉ねぎ	40g
長ねぎ	30g
青陽とうがらし*	20g
赤とうがらし	10g
米のとぎ汁	2カップ（約380mL）
テンジャン	100g
粉とうがらし（粗挽き）	大さじ ⅓
にんにくのみじん切り	大さじ ½

*編注：青とうがらしで代用可能。
**編注：土鍋は急な加熱に弱いので、炒め物の際には割れないよう十分に注意をしてください。使用する製品の注意事項をよく読み、正しくお使いください。

3
土鍋に牛肉を入れて炒める**。

4
牛肉に火が通ったら米のとぎ汁を入れる。

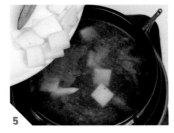

5
大根を入れて煮込む。

6
テンジャンを入れて10分ほど煮込む。

ペク先生の
ひとことメモ

味噌チゲは、煮干しや牛肉の代わりに貝を入れるとあっさりとしたコクが出ますし、干しエビを入れれば香ばしさが出ます。具材は旬のものをたくさん入れるようにすると色が出ます。春にはヒメニラやナズナを入れると香りが立ちますし、冬にはしいたけやひらたけを入れるとおいしいですよ！

7
野菜を入れて5分ほど煮込んでから、豆腐を入れる。

8
汁をもう一度沸騰させたら、粉とうがらしとにんにくのみじん切りを入れる。かき混ぜて、ひと煮立ちさせたら火を止めて完成。

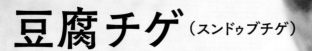

豆腐チゲ（スンドゥブチゲ）

순두부찌개

「スンドゥブ」は豆腐の中でもやわらかい「おぼろ豆腐」のこと。
これを海鮮、豚肉、キムチなど好きな具材でピリッと味つけしてチゲにします。
コツは短時間で煮込むこと。豆腐が固くならず、アツアツをおいしく食べられます。

材料（1人分）

おぼろ豆腐	1カップ（200g）
豚ひき肉	30g
玉ねぎ	20g
長ねぎ	少々（14g）
水	1カップ（約190mL）
アサリ	5個
粉とうがらし（細挽き）	大さじ ½
にんにくのみじん切り	大さじ ½
ごま油	大さじ 1½
しょうゆ	大さじ1
塩	小さじ ⅔
砂糖	小さじ ½
わけぎ	大さじ1（6g）
卵	1個
こしょう	少々

＊編注：土鍋は急な加熱に弱いので、炒め物の際には割れないよう十分に注意をしてください。使用する製品の注意事項をよく読み、正しくお使いください。

ペク先生の
ひとことメモ

豆腐チゲにはキムチも合いますが、熟成して酸っぱくなった「シンキムチ」がオススメです。キムチはざく切りにして、豚肉や玉ねぎを炒めるときに加えると、キムチの味が肉にもスープにも染みわたりコクが出ます。また粉とうがらしを使わずあっさり風味でも作れますが、このときはしょうゆと塩で味を調えることがポイントです。

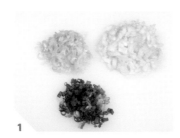

1 わけぎは小口切りに、玉ねぎはみじん切りにする。長ねぎは縦半分に切ってから小さく切る。

2 土鍋を温めてからごま油をひき、豚ひき肉を炒める＊。

3 豚肉に火が通ったら、長ねぎ、玉ねぎを入れて一緒に炒める。

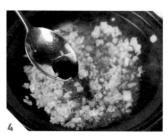

4 しょうゆを入れて色と味をつける。

5 水を入れて煮込む。

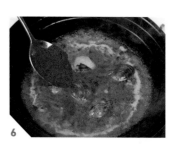

6 アサリ、塩、砂糖、粉とうがらしを入れて煮込む。

7 にんにくのみじん切りを加えた後、豆腐をスプーンで大きめにすくって入れる。

8 卵を割り入れ、わけぎとこしょうを振ったら完成。

豚キムチチゲ（テジコギキムチチゲ）

돼지고기김치찌개

定番具材のキムチ、豆腐、豚肉を入れて煮込んだチゲは、
味噌チゲと並んで韓国ではとても人気があるスープ料理です。
隠し味にアミの塩辛を使うと、くどさがなくなってさっぱりします。

材料（2人分）

キムチ ……………………………150g
※熟成発酵した酸っぱいシンキムチがオススメ
豚肉（豚バラか肩ロース）……………120g
木綿豆腐………………………………100g
玉ねぎ…………………………………100g
長ねぎ……………………………………30g
青とうがらし……………………………10g
米のとぎ汁 …………2カップ（約380mL）
にんにくのみじん切り …………大さじ1
粉とうがらし（粗挽き）…………大さじ2
クッカンジャン［薄口しょうゆ］
………………………………………大さじ2
アミの塩辛 …………………………大さじ1

1
豚肉は豚バラ、肩ロースなど脂身がある部位を準備し、食べやすいサイズに切る。

2
豆腐は水で洗った後、3cm×4cmの大きさで、1cmの厚さに切る。

3
玉ねぎは薄切りに、長ねぎと青とうがらしは斜め切りにする。

4
鍋にキムチ、豚肉、豆腐、玉ねぎ、長ねぎ、青とうがらしを入れる。

5
米のとぎ汁を鍋のふちから入れる。

6
にんにくのみじん切り、粉とうがらし、クッカンジャン、アミの塩辛を入れて鍋を火にかけ、豚肉に火が通るよう10分ほど煮込んだら完成。

ペク先生の
ひとことメモ

チゲ用のキムチは熟して少し酸っぱくなった「シンキムチ」がオススメ。キムチは芯を除き、水気を少し切って入れましょう。スープは、水でもいいのですが、米のとぎ汁を使うと味が香ばしくなります。煮込む時間はお好みで調整を。長く煮込めばキムチにしっかり火が通って深い味わいになり、10分程度ならあっさり風味になります。

ツナキムチチゲ（チャムチキムチチゲ）

참치김치찌개

キムチのピリ辛と、ツナの香ばしさがとてもよく合う一品です。
ツナ缶の油をスープに入れれば、ツナの風味が濃く染みわたります。
キムチの栄養や歯ごたえが失われないように、短時間で火を通しましょう。

材料（2人分）

ツナ缶 ···························· ½缶（75g）
キムチ ·······························150g
※熟成発酵した酸っぱいシンキムチがオススメ
木綿豆腐···························100g
玉ねぎ·····························100g
長ねぎ·······························30g
青とうがらし·························10g
砂糖 ····························· 大さじ⅓
にんにくのみじん切り ··········· 大さじ1
粉とうがらし（粗挽き）············· 大さじ2
クッカンジャン［薄口しょうゆ］
 ······························· 大さじ2
米のとぎ汁 ···········2カップ（約380mL）

1

豆腐は3cm×4cmの大きさで、1cmの厚さに切る。

2

玉ねぎは薄切りに、長ねぎと青とうがらしは斜め切りにする。

3

鍋にキムチ、豆腐、玉ねぎ、長ねぎ、青とうがらしを入れ、中央にツナを入れる。

4

鍋のふちから米のとぎ汁を入れ、粉とうがらし、にんにくのみじん切り、クッカンジャン、砂糖を加えて火にかけ、10分ほど煮込んだら完成。

> ペク先生の
> ひとことメモ

ツナ缶ではなく、サンマ、サバの缶詰やスパムを入れても、ひと味違った特別なチゲになります。大根やズッキーニ、きのこ類を加えてもOK。辛さが苦手な方は、粉とうがらしの量をお好みで調整しましょう。ちなみに、キムチをサラダ油とツナ缶の油で軽く炒めてから野菜と水を入れれば、チゲを煮込む時間を短縮することができます。

ユッケジャン

육개장

ピリ辛で具だくさんのユッケジャンは栄養が満点です。
暑い夏には、汗をかきながら食べれば元気回復。
寒い冬には、飲めば体が芯からポカポカしてきます。

材料（2人分）

牛バラ肉 ……………………………120g
水 ………………………………………1.5L
わらび …………………………………60g
長ねぎ ………………………………160g
もやし ………………………………140g
ごま油 ……………………………大さじ2
サラダ油 …………………………大さじ1
粉とうがらし（細挽き）………大さじ1½
にんにくのみじん切り …………大さじ1
クッカンジャン［薄口しょうゆ］
　………………………………………大さじ3
こしょう …………………………… 少々
塩 ………………………………………適量
卵 ………………………………………1個

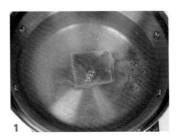

1
鍋に牛肉と水を入れ、中火で45～
50分ゆでる。ゆでた肉は取り出して
冷まし、ゆで汁は別に取っておく。

2
冷ました牛肉は食べやすい大きさに
薄く切ってから、小さくちぎる。

3
わらびは水煮か、干しわらびを水で
ふやかしたものを用意し、洗って水
気を切る。汚れている部分は取り除
き、4～5cmの長さに切る。

4
長ねぎは縦半分に切ってから4～
5cmの長さに切る。もやしは洗って
水気を切る。

5
熱した鍋にごま油とサラダ油をひく。

6
長ねぎを加え、ねぎの香りが油に染
みわたるように炒める。

ペク先生の
ひとことメモ

肉はすね肉やミノ、コプチャン（小腸）を入れることもあります。牛肉を下ゆでする際は、
玉ねぎや長ねぎを一緒に入れると、スープがさっぱりします。また、レシピでは野菜を
炒める際に粉とうがらしを入れていますが、牛肉に粉とうがらしやお好みの薬味を直
接混ぜこんで辛味をつけ、野菜と一緒に煮込んでも大丈夫です。

ペク先生の
ひとことメモ

ユッケジャンは、韓国ではおなじみの宴会
料理。多めの量で煮込んでこそ、いい味
が出ます。1、2人分を煮込むより、大量に
作ったほうが具材それぞれの味がよく絡み
合い、より香ばしくて濃厚な、ユッケジャン
本来の味が楽しめます。

7 長ねぎの香りがいきわたったら、わら
び、もやしを入れて炒める。

8 粉とうがらしを加える。

9 粉とうがらしと野菜をよく混ぜ合わ
せながら炒め、野菜に油ととうがらし
の赤みが均等に混ざるようにする。

10 具材を炒めた鍋に**1**で取っておいた
牛肉のゆで汁を入れる。

11 **2**の牛肉を加えて煮込む。

12 スープが沸騰しはじめたら、にんにく
のみじん切りを加える。

13 クッカンジャンを入れて味つけをす
る。

14 こしょうと塩を振って味を調える。

15 最後に溶いた卵を入れたら火を止め
る。

PART 3

ごはんもお酒も止まらない
絶品おかずメニュー

食卓を華やかに彩ってくれるおかずメニューは、食事の主菜にはもちろんのこと、お酒のつまみにもなりますし、名節（旧正月などの伝統祭日）など親族が集まる場でのおもてなし料理にもなるので、いろいろなシチュエーションで活躍してくれます。
多種多様な具材を使ったレシピを集めたので、味も栄養バランスも抜群です。

プルコギ

불고기

甘辛でボリューム満点のプルコギは、ごはんのお供にも、おもてなしで食べるパーティー料理にもなる万能選手。薄く切った牛肉を調味料に漬け、味を染みこませてから強火で炒めましょう。

材料（4人分）

牛肉（ヒレ）……………………………500g
玉ねぎ…………………………………120g
しいたけ………………………………30g
長ねぎ…………………………………30g
赤とうがらし…………………………10g
砂糖……………………………… 大さじ2½
水あめ（またはオリゴ糖）………… 大さじ1
玉ねぎのすりつぶし…… 大さじ2（20g）
にんにくのみじん切り………… 大さじ1
しょうゆ………………………… 大さじ6
こしょう………………………………… 少々
ごま油…………………………… 大さじ3

1 牛肉は薄切りにして、砂糖と水あめを加える。

2 牛肉をこねて20分ほど寝かせておく。

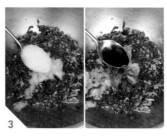

3 2の牛肉に、ミキサーなどですりつぶした玉ねぎ大さじ2、にんにくのみじん切り、しょうゆ、こしょうを加える。

4 牛肉を再度こねる。まんべんなく調味料がいきわたるようにすることで、肉がやわらかくなりおいしくなる。

5 ごま油大さじ1を入れてもう一度こねてから、10分ほど置く。

6 玉ねぎは大きめのくし切りに、しいたけは薄切り、長ねぎと赤とうがらしは斜め切りにする。

ペク先生の
ひとことメモ

プルコギは、鉄板などを出してみんなで食卓で焼きながら食べるのがオススメ。おいしくするコツは、肉に火が通るくらいを目安にして、できるだけ時間をかけず強火で焼くこと。野菜に火が通りすぎると、水分が出て全体がドロドロになってしまいますよ！　なお、プルコギに一番合うお肉は牛ヒレです。

7 牛肉に6で切った野菜と、ごま油大さじ2を入れて混ぜる。

8 熱したフライパンや鉄板に7を入れて炒めたら完成。

牛のテール蒸し（ソコリチム）

쇠꼬리찜

肉や魚を、スープがほぼなくなるまで煮込むのがチム（蒸し）料理。滋養強壮に
いい牛テールチムは、韓国人が特に大好きな味です。じっくり煮込んだ牛テール
と野菜のうまみが、体中に染みわたります。

材料（4人分）

牛テール	1kg
大根	200g
にんじん	90g
しいたけ	40g
玉ねぎ	100g（＋玉ねぎ1個）
にんにく	100g
なつめ	5個
長ねぎ	100g（＋長ねぎ1本）
しょうが	30g
青陽とうがらし*	20g
赤とうがらし	20g
銀杏	5個
むき栗	4個
しょうゆ	1カップ（約190mL）
砂糖	1カップ（170g）
ごま	少々
こしょう	少々
水	11カップ（約2L）

ペク先生の
ひとことメモ

長い時間煮込んでいく牛テールチムは、野菜に火が通りすぎて崩れやすいのが難点です。そこで、大根やにんじんは面取りしておくことで、チム（蒸し）をしている間にも、角が崩れてスープが濁ってしまうのを防ぐことができます。

＊編注：青とうがらしで代用可能。

1 牛テールはきれいに洗ってから水に2時間ほど浸けて血抜きする。これにより色味が鮮やかになり、調味料もよく染みわたる。

2 大根、にんじんはそれぞれ厚さ3cmに、しいたけ、玉ねぎは6等分に、長ねぎ、とうがらしは大きめのぶつ切りに、しょうがは薄切りにする。

3 鍋に水を入れて沸騰させ、牛テールを3〜5分ほどゆでてざるに上げ、冷水ですすぐ。牛テールは下ゆですることで肉のくさみがなくなる。

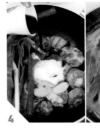

4 水ですすいだ牛テールを3の鍋に戻し、しょうが、玉ねぎ1個、長ねぎ1本を入れ、しょうゆ、砂糖、こしょう、水を入れて煮込む。

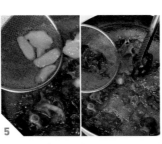

5 30分ほど煮込んだところでしょうがを取り出し、1時間ほどたったら玉ねぎ、長ねぎを取り出す。

6 大根、にんじん、しいたけ、にんにく、栗、なつめを入れる。火を中火にしてさらに煮込む。

7 栗に半分ほど火が通ったら、残りの具材（2で切った玉ねぎ、長ねぎ、青陽とうがらし、赤とうがらしと、銀杏）を入れる。

8 野菜に半分ほど火が通ったら、ごまを加えて火を止める。なお、4から完成までにかかる時間の目安は1時間40分ほど。

タンピョンチェ

탕평채

緑豆寒天（ムク）を使った和え物です。白、黒、緑、赤、黄の5色が「五福」を示し、異なる食材が混ざって「調和」や「平等」を象徴することから、縁起のいい宮廷料理として名節の食卓に欠かせません。

材料（4人分）

緑豆寒天（ムク）*	1丁（380g）
牛肉	80g

（しょうゆ…大さじ3、にんにくのみじん切り…大さじ⅔、砂糖…大さじ1½、こしょう少々）

セリ	25g（4束）
にんじん	40g
卵黄	2個分
焼きのり	1枚
白ごま塩	大さじ⅓
ごま油	大さじ½

1
にんじんは長さ4〜5cmの細切りにする。

2
セリは葉の部分を取って茎だけにする。沸騰した湯で10〜20秒湯がいて冷水ですすいで、水気をしっかり切り、4〜5cmの長さに切る。

3
卵黄を使って薄い錦糸卵を作っておく。焼きあがった卵が完全に冷めたら、長さ4〜5cmで細切りにする。

4
焼きのり、または焼いた板のりをビニール袋に入れ、細かく砕く。

5
牛肉は長さ5〜6cmの細切りにし、フライパンに入れてしょうゆ、にんにく、砂糖、こしょうを混ぜて炒める。

6
緑豆寒天は、沸騰した湯に入れて5分程度ゆでる。その後、冷水ですすいで水気を切ったら、大きめのざく切りにする。

ペク先生の
ひとことメモ

7
大きめのボウルに緑豆寒天、にんじん、セリ、炒めた牛肉を入れ、ごま油を加える。

8
寒天が崩れないよう気をつけながら混ぜ合わせ、皿に移す。錦糸卵、のり、白ごま塩をきれいに散らして盛りつけたら完成。

固まった状態の緑豆寒天を購入した場合は下ゆでが必要です。沸騰した湯に入れて、寒天の端が半透明になるぐらいまで（目安は3〜5分）ゆでてから、冷水ですすぎ、水気を切って、食べやすいサイズにカットしましょう。やわらかくなった寒天はフワフワして切りづらいので、その場合は切ってからゆでても問題ありません。

＊編注：韓国食材店や、ネットショッピングなどで入手可能。また、こんにゃくでも代用可能。

チャプチェ

잡채

祝宴の膳やおもてなしの席など、楽しい日の定番メニュー。お肉や色とりどりの野菜を、しょうゆ、ごま油などで炒めて春雨と和えれば、多彩な味が楽しめて栄養も満点、かつ彩りも豊かで豪華な印象を与えます。

材料（4人分）

韓国春雨（タンミョン）……………………300g	
しいたけ ………………………………70g	
（サラダ油…大さじ2）	
にんじん ………………………………70g	
（サラダ油…大さじ1）	
玉ねぎ …………………………………150g	
（サラダ油…大さじ2、こしょう…少々）	
長ねぎ …………………………………80g	
（サラダ油…大さじ1）	
豚肉 ……………………………………130g	
（サラダ油…大さじ3、しょうゆ…大さじ7、にんにくのみじん切り…大さじ2、砂糖…大さじ3、カラメル…小さじ1、こしょう…少々、ごま油…大さじ1）	
ほうれん草 ……………………………120g	
（水…1.5L、塩…小さじ1）	
ごま油 …………………………………大さじ2	
錦糸卵 …………………………………適量	
ごま ……………………………………少々	

1

春雨をぬるま湯に入れ、30〜40分ほどふやかしておく。

2

しいたけは薄切りに、にんじんと玉ねぎは千切りに、長ねぎは斜め切りにする。

3

しいたけは熱したフライパンにサラダ油大さじ2をひいて炒める。火が通ったら、皿に取って冷ましておく（以下、4・5も同様）。

4

にんじんはフライパンにサラダ油大さじ1をひいて少し炒める。同じように長ねぎもサラダ油大さじ1をひいて炒める。

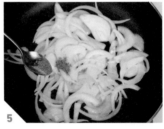

5

玉ねぎはフライパンにサラダ油大さじ2をひき、こしょうを振って半分ほど火が通るまで炒める。

6

豚肉は細切りにして、フライパンにサラダ油大さじ3をひいて炒める。

7

6の豚肉にしょうゆ、にんにくのみじん切り、砂糖、カラメル、こしょうを加え、汁気が少なくなり茶色になったら、ごま油大さじ1を混ぜる。

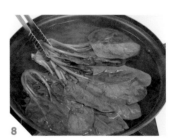

8

沸騰した水に塩を混ぜ、ほうれん草を入れる。20〜30秒湯がいたら、冷水ですすいで水気を切り、3等分にする。

9

炒めた野菜は皿に盛って冷ましてお
く。**7**の豚肉は炒めた汁と一緒に
盛っておき、ほうれん草も準備する。

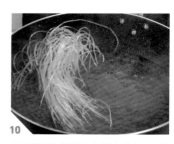

10

1の春雨を沸騰した湯に入れ、6分
間ゆでる。ざるに上げて水気を切っ
た後はすすがず自然に冷めるのを待
ち、食べやすいサイズに切る。

11

大きめのボウルに春雨と野菜、炒め
た豚肉を入れ、ごま油大さじ2をか
けて混ぜ合わせる。

12

春雨と野菜がよく混ざったら皿に盛
りつけ、仕上げに錦糸卵とごまをの
せたら完成。

ペク先生の
ひとことメモ

チャプチェの豚肉は、下味を少しつけて炒めた後、残りの具材と一緒に和えるときに
調味料で味つけするのが一般的です。しかし、ここでは必要な調味料をすべて豚肉
と一緒に炒め、そこからチャプチェ全体に味つけが広がるようにしました。

タコの辛炒め（ナクチポックン）

낙지볶음

ピリ辛好きにはたまらない一品。タコは低カロリー・低糖質で、コレステロール値
を下げる働きもある健康食材で、そこに野菜を加えることでさらに栄養価がアップ。
立派なスタミナ料理です。

材料（4人分）

タコ	400g
ズッキーニ（または韓国カボチャ）	140g
にんじん	60g
玉ねぎ	140g
長ねぎ	120g
青陽とうがらし*	40g
サラダ油	大さじ4
にんにくのみじん切り	大さじ2
しょうゆ	大さじ10
砂糖	大さじ4
粉とうがらし（粗挽き）	大さじ3
コチュジャン	大さじ1
こしょう	少々
水	⅓カップ（約65mL）
ごま油	大さじ2

1
ズッキーニ、にんじんは半月型に薄切り、玉ねぎは3cm角にざく切り、長ねぎは長さ3cmのぶつ切り、青陽とうがらしは大きめのぶつ切りに。

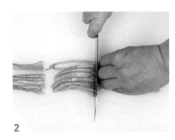

2
タコは下処理（ひとことメモ参照）をして水で洗った後、6〜7cmの長さに切る。

3
フライパンを火にかけ、サラダ油、にんにくのみじん切りを入れて炒める。にんにくの香りがサラダ油と混ざり、炒め物がおいしくなる。

4
にんにくの香りがしてきたら、しょうゆ、砂糖、粉とうがらし、コチュジャン、こしょう、水を入れる。

5
中火で調味料が焦げないよう気をつけて混ぜながら煮る。

6
5にズッキーニ、にんじん、玉ねぎ、長ねぎ、青陽とうがらしを入れ、手早く炒める。

ペク先生の
ひとことメモ

タコは「下処理」が重要です。まずは慎重に頭をひっくり返し、墨袋と内臓を取り出します。次に大きめのボウルに入れ、大さじ2〜3の塩（小麦粉でもOK）をまぶして、ぬめりが出なくなるまでよくもみ洗いします。足もきれいに洗い、吸盤の汚れも取るようにしましょう。最後は冷水で何度かすすげばバッチリです。

7
タコを入れ、強火で手早く炒める。長く炒めすぎると、野菜に火が通りすぎて水分が出てしまい、タコが固くなる。

8
タコに火が通ったら、ごま油をかけて混ぜ合わせ、火を止めれば完成。

＊編注：青とうがらしで代用可能。

どんぐり寒天の和え物 （トトリムク）

도토리묵무침

トトリムク（どんぐり寒天）に野菜を加え、粉とうがらしと砂糖で味つけした和えもの
は、韓国でとても人気がある甘辛メニュー。寒天は低カロリーながら満腹感を感
じさせてくれるので、ダイエットにも最適です。

材料（4人分）

どんぐり寒天*	1丁（410g）
きゅうり	80g
わけぎ（または小ねぎ）	18g
青とうがらし	10g
赤とうがらし	10g
サンチュ	20g
春菊	18g
えごまの葉	4g
にんにくのみじん切り	大さじ1
しょうゆ	大さじ5
砂糖	大さじ1
粉とうがらし	大さじ1
白ごま塩	大さじ1
ごま油	大さじ2

1
どんぐり寒天は縦半分に切った後、4cm×5cmの大きさで、1cmの厚さに切る。

2
きゅうりは縦半分に切ってから薄切りに。わけぎは長さ4cmに、とうがらしは斜め切りにする。サンチュ、春菊、えごまの葉は2cm幅に切る。

3
大きめのボウルに、にんにくのみじん切り、しょうゆ、砂糖、粉とうがらし、白ごま塩を入れて混ぜ合わせ、タレを作る。

4
3のタレにきゅうり、わけぎ、青とうがらし、赤とうがらしを入れる。

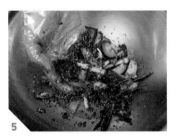

5
タレがまんべんなく野菜にいきわたるようによく混ぜる。とうがらしを手で扱う際はビニル手袋をすること。

6
どんぐり寒天、サンチュ、春菊、えごまの葉を入れて、ごま油を加える。

ペク先生の
ひとことメモ

寒天が固いようなら、沸騰した湯で少しゆでてやわらかくし、冷水ですすいでから切りましょう。また、具材を和える際に酢を少し入れると、寒天の渋みが消えて食べやすくなります。タレと和えるときは、まず固めの野菜、次にやわらかい寒天、葉野菜の順に入れるのがコツです。こうすれば寒天をつぶさず、味を全体になじませることができます。

7
寒天がつぶれないように注意しながら、野菜とよく混ぜたら完成。

＊編注：韓国食材店や、ネットショッピングなどで入手可能。また、こんにゃくでも代用可能。

豚キムチ豆腐（トゥブキムチ）

두부김치

豚キムチのピリ辛と、アツアツ豆腐のさっぱり味がベストマッチ。キムチに肉の脂がよく染みわたるように炒めると格別の味になるので、脂身の多い豚バラや肩ロースを使いましょう。

材料（2人分）

木綿豆腐……………………………240g
キムチ………………………………330g
※熟成発酵した酸っぱいシンキムチがオススメ
豚肉（豚バラ）………………………160g
玉ねぎ………………………………100g
長ねぎ…………………………………50g
青とうがらし…………………………1個
赤とうがらし…………………………½個
にんにくのみじん切り………大さじ1
しょうゆ…………………………大さじ3
サラダ油…………………………大さじ3
粉とうがらし（粗挽き）………大さじ1
ごま油…………………………大さじ1½
砂糖……………………………大さじ1½
こしょう………………………………少々

ペク先生の
ひとことメモ

豆腐はゆでるのではなく、平たく切ってフライパンにサラダ油をひいて焼く場合もあります。そうするとより香ばしさが出ます。豆腐はキッチンペーパーで水気を切ってから焼くと、油が飛び跳ねません。

1
豚バラ肉は厚さ0.5cm、3〜4cmの大きさに切る。

2
キムチは芯を切り落として3cm幅に、玉ねぎは1cm幅に細長く切る。長ねぎと青とうがらし、赤とうがらしは斜め切りにする。

3
フライパンにサラダ油を回し入れ、豚肉を炒める。白く焼けてきたら、脂がにじみ出るくらいまで炒める。

4
玉ねぎを入れて少し炒める。玉ねぎに油が均等にいきわたればOK。

5
キムチ、にんにくのみじん切り、しょうゆ、粉とうがらし、砂糖、こしょうを入れ、強火でキムチに半分程度まで火が通るよう炒める。

6
長ねぎ、青とうがらし、赤とうがらし、ごま油を入れて混ぜた後、少し炒めてから火を止める。

7
豆腐は沸騰した湯に入れて3〜5分程度ゆでて取り出す。

8
豆腐は熱いうちに厚さ1cm、大きさ4〜5cmに切って器に盛り、真ん中に豚キムチ炒めをのせたら完成。

ポテトサラダ（カムジャサラダ）

감자샐러드

欧風のサラダを、韓国人の口に合うような作り方にしたカムジャ（じゃがいも）の
サラダです。じゃがいもは、つぶして入れても、さいの目に切ったままでも、おい
しく食べられます。

材料（4人分）

じゃがいも	340g
きゅうり	80g
（塩…大さじ⅔）	
にんじん	30g
玉ねぎ	30g
セロリ	15g
卵	2個
マヨネーズ	120g
生クリーム	大さじ2
砂糖	大さじ1½
こしょう	少々

1 きゅうりは縦半分に切ってから厚さ0.4cmの半月形に切る。

2 きゅうりと塩大さじ⅔を混ぜて、40分ほど塩漬けにする。

3 きゅうりが漬かったら冷水で軽く洗ってから水気をしっかりしぼる。

4 にんじん、玉ねぎ、セロリをみじん切りにして、キッチンペーパーで水気をしっかり切る。

5 卵は固ゆでにして、白身と黄身を分ける。白身は細かく刻み、黄身は別に取っておく。

6 じゃがいもは皮をむいてさいの目に切る。

ペク先生の
ひとことメモ

味つけは基本的にマヨネーズのみですが、生クリームを少し入れると味が締まります。マヨネーズの代わりにプレーンヨーグルトを入れるとさっぱり味に変身します。また、野菜に水分が残っているとベチャベチャになってしまうので、キッチンペーパーで水気をしっかり切りましょう。

レシピの野菜以外にも、りんご、柿、みかん
やオレンジといった果物を入れるアレンジも
アリ。またじゃがいもをつぶして野菜を細か
く切って作ったポテトサラダは、食パンや
ロールパンで挟めばサンドウィッチにもなる
ので、お弁当にも、軽食にも使えますよ！

7
沸騰した湯にじゃがいもを入れ、20
分ほどゆでて取り出す。

8
ゆでたじゃがいもは、ざるに上げて
水気を切る。

9
じゃがいもの水気を切ったら、熱い
うちに大きめのボウルに移す。

10
じゃがいもをスプーンでつぶす。

11
つぶしたじゃがいもに、にんじん、玉
ねぎ、セロリ、卵の白身、きゅうりを
加える。

12
マヨネーズ、生クリーム、砂糖、こ
しょうを加える。

13
じゃがいも、野菜、調味料をよく混ぜ
る。

14
最後に、**5**で取っておいたゆで卵の
黄身をざるなどで細かくして振りか
けたら完成。

海鮮チヂミ（ヘムルパジョン）

해물파전

小麦粉と卵の生地を平たく焼いたパジョン（チヂミ）は酒のつまみの定番です。海の街として知られ、わけぎの栽培も多い釜山で生まれた海鮮チヂミは、海鮮好きにはたまらない大人気メニューです。

材料（4人分）

わけぎ（または小ねぎ）……………50g	
（小麦粉…大さじ½）	
青とうがらし………………………10g	
赤とうがらし………………………10g	
イカ………………………………¼杯	
むきエビ……………………………30g	
カキ…………………………………50g	
アサリのむき身……………………30g	
小麦粉………………………………70g	
塩…………………………………小さじ½	
砂糖………………………………小さじ1	
水…………………⅔カップ（約130mL）	
サラダ油……………大さじ6（3＋2＋1）	
卵……………………………………2個	

1

わけぎ（または小ねぎ）は半分に切り、赤とうがらし、青とうがらしは輪切りにして種を取る。

2

イカは細く切り、エビは殻をむいたものを用意し、カキ、アサリは塩水で洗ってざるに上げ、水気を切る。

3

小麦粉70gに塩、砂糖を入れて混ぜる。小麦粉に下味をつけることで、チヂミ全体に均等に味がつく。

4

3に水を入れ、塊ができないように箸でかき混ぜる。

5

わけぎを皿に並べ、小麦粉大さじ½をまぶす。

6

わけぎに小麦粉をもみこむ。

ペク先生の
ひとことメモ

チヂミをおいしくするコツは、焼きはじめ、中間、ひっくり返すときの3回に分けてサラダ油を十分に入れて、揚げるように焼くこと。最初は強火でフライパンを熱し、生地を入れたら中火に。何度もひっくり返すと崩れて香ばしさがなくなるので注意。下の面に火が通ったらひっくり返し、具材に火が通ったら、再度返してこんがり焼いて完成です。

海鮮チヂミの具材は、地域や季節によって
異なり、タコやムール貝を入れることもありま
す。ぜひ旬の具材を入れましょう。生地は
小麦粉の代わりに天ぷら粉やチヂミ粉を使
うと、さらにサクサク食感のチヂミを楽しめ
ますよ!

7 フライパンにサラダ油大さじ3をひい
て熱し、**4**の生地を⅔程度入れて薄
く広げる。

8 生地の上に**6**のわけぎを並べてのせ
る。

9 わけぎの上に海鮮 (イカ、エビ、カキ、ア
サリ) をまんべんなくのせる。

10 海鮮の上から残りの生地をかけ、下
の面に火が通るまで焼く。

11 チヂミを焼いている間に、フライパン
の端からサラダ油大さじ2を回し入
れる。

12 チヂミの端に火が通ったら、溶き卵
を上から入れる。

13 卵の上に赤とうがらし、青とうがらし
をのせる。

14 チヂミの端に火が通ったら、崩れな
いよう注意しながらひっくり返し、フ
ライパンの端からサラダ油大さじ1を
さらに回し入れる。

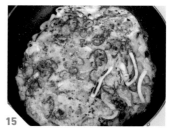

15 海鮮に火が通ったら、再度ひっくり
返して、下面にもう一度火を通した
ら完成。

キムチチヂミ（キムチジョン）

김치전

小麦粉にキムチを練りこんで焼いたキムチジョンは、素朴ながら間食にもおつまみにもなるので、ぜひレパートリーに入れておきたいところ。脂身のあるお肉を使うことで、香ばしさが格段にアップします。

材料（4人分）

キムチ	160g

※熟成発酵した酸っぱいシンキムチがオススメ

玉ねぎ	60g
長ねぎ	30g
青陽とうがらし*	10g
豚肉（肩ロース）	40g
小麦粉	70g
にんにくのみじん切り	大さじ½
塩	小さじ⅓
砂糖	小さじ⅓
水	½カップ（約95mL）
サラダ油	大さじ5（3＋1＋1）

*編注：青とうがらしで代用可能。

1 キムチは芯を切り落とし、汁をよくしぼって1〜2cmの大きさに切る。玉ねぎは細長く切る。長ねぎと青陽とうがらしは小口切りにする。

2 豚肉は脂身がある肩ロース肉を準備し、細長く切る。

3 大きめのボウルに小麦粉を入れ、キムチ、野菜、豚肉、にんにくのみじん切り、塩、砂糖を加える。

4 水を入れて、まんべんなく混ぜて生地を作る。

5 熱したフライパンにサラダ油大さじ3をひき、生地をおたま1〜2杯程度入れ、薄く広げる。端からサラダ油大さじ1を加え、下面に火を通す。

6 チヂミの端が焼けたらひっくり返し、端からサラダ油大さじ1をさらに追加して火を通す。最後にもう一度返して、完全に火が通れば完成。

ペク先生の
ひとことメモ

鮮やかな赤色がきれいなキムチチヂミですが、キムチだけでは色味が足りません。小麦粉と具材を混ぜて生地を作る際に、粉とうがらし（小さじ1）を入れると、さらに鮮明な色になって食欲をそそります。

野菜チヂミ（ヤチェジョン）

야채전

野菜をふんだんに入れるヤチェジョンは栄養満点。春夏秋冬、その時期の旬の野菜を自由に入れて焼きましょう。とうがらしを抜けば辛くないので、お子さまでも楽しめます。

材料（4人分）

じゃがいも……………………………30g
にんじん………………………………15g
ズッキーニ（または韓国カボチャ）……50g
玉ねぎ…………………………………40g
ニラ……………………………………25g
青陽とうがらし＊………………………10g
赤とうがらし…………………………10g
小麦粉…………………………………100g
塩………………………………小さじ1
砂糖…………………………………小さじ½
水………………………⅔カップ（約120mL）
卵…………………………………………1個
サラダ油……………大さじ5（3＋1＋1）

タレ

しょうゆ………………………………大さじ3
酢………………………………………大さじ1
長ねぎ（0.3cmの小口切り）………大さじ1
にんにくのみじん切り………大さじ½
粉とうがらし（粗挽き）…………大さじ½
砂糖……………………………………大さじ½
ごま……………………………………小さじ½

※上記材料をすべて混ぜてタレを作り、チヂミにつけて食べる。

＊編注：青とうがらしで代用可能。

1 じゃがいも、にんじん、ズッキーニ、玉ねぎ、ニラは4〜5cmの長さに細切り。青陽とうがらし、赤とうがらしは小口切りにして種を取る。

2 大きめのボウルに小麦粉、塩、砂糖、水を入れ、溶き卵を加える。

3 2の生地に、1の野菜をすべて入れる。野菜がちぎれないよう気をつけながら箸で混ぜる。

4 フライパンにサラダ油大さじ3をひき、生地を並べて焼く。途中でサラダ油大さじ1を加えてチヂミをひっくり返し、さらにサラダ油大さじ1を回し入れて焼き、火を通したら完成。

ペク先生のひとことメモ

野菜チヂミの具材はなんでもあり。じゃがいも、にんじん、ニラ、玉ねぎだけでもいい味と色味になりますし、ズッキーニだけなど、1〜2種類の野菜でも十分においしくなります。手に入りやすい旬の野菜を入れて、ぜひ自由に作ってみてください。

韓国式茶碗蒸し（タルギャルチム）

달걀찜

子どもからお年寄りまで、みんな大好きなふわふわ食感。韓国ではごはんのおかずとしても、酒のつまみとしても人気です。いろいろな野菜や海鮮を細かく刻んで入れて、アレンジするのもオススメです。

材料（2人分）

卵	2個
水	⅓カップ（約65mL）
長ねぎ	10g
アミの塩辛	大さじ⅓
砂糖	小さじ½
ごま油	小さじ½

1 アミの塩辛を細かく切り刻む。

2 卵は土鍋に割り入れて箸でよく混ぜて溶く。

3 溶き卵にアミの塩辛と砂糖を入れる。

4 水を入れ、卵と水がまんべんなく混ざるようにかき混ぜる。

5 土鍋を強火にかけ、卵が鍋の底や端にくっつかないように混ぜながら煮込む。

6 沸騰したら中火にし、卵に半分程度火が通ったら長ねぎを入れる。長ねぎは小口切りにして入れると早く火が通る。

**ペク先生の
ひとことメモ**

水の代わりにいりこや昆布のだし汁を使うと、よりおいしいチム（蒸し物）になります。調理のポイントは、火の調節。強火でスタートして、卵液が沸騰してきたら中火に弱めるようにしましょう。長ねぎを入れた後に火を止めて、鍋にふたをしてあげると、茶碗蒸しが膨らんできます。ふわふわに膨らんだ状態の茶碗蒸しのほうが好きな方は、ぜひやってみて下さいね。

7 再び、鍋の底や端にくっつかないよう気をつけながら中火で煮込む。

8 卵にほぼ火が通って適度に固まったら、火を止めてごま油をかければ完成。

PART 4

食べれば食べるほどクセになる
かんたん副菜メニュー

豪華な主食や主菜のメニューもいいけれど、日々の食卓にいちばん多く登場するのが、ナムルや和え物、炒め物、煮物といった、手軽に作れる一品料理です。
どれも簡単ながら、韓国流のエッセンスや味つけがピリリときいていて、一度食べたらやみつきになるものばかり。日々の料理をラクにする作り置きメニューとしてもオススメです。

イカの甘辛炒め

（オジンオポックン）

오징어볶음

イカと野菜を、コチュジャンとしょうゆの甘辛ダレで炒めるオジンオポックンは、たっぷり作っておけば、いろいろな場面で大活躍。ごはんとの相性が抜群なので、おかずにもいいし、酒のつまみにもなります。

ペク先生の
ひとことメモ

イカは軽く下ゆでしておくと、水分があまり出ません。タレを事前にしっかり煮詰めておき、イカを入れたらできるだけ手早く作りましょう。イカをタレに絡め、野菜と一緒に少しだけ火を通せば、余計な水分が出ないので、噛みごたえがよくなります。

材料

イカ	2杯
ズッキーニ（または韓国カボチャ）	140g
にんじん	60g
玉ねぎ	140g
長ねぎ	120g
青陽とうがらし*	40g
サラダ油	大さじ4
にんにくのみじん切り	大さじ2
粉とうがらし（粗挽き）	大さじ3
しょうゆ	大さじ10
砂糖	大さじ4
コチュジャン	大さじ1
こしょう	少々
ごま油	大さじ2
ごま	少々

＊編注：青とうがらしで代用可能。

1
玉ねぎは1cm幅に切る。ズッキーニ、にんじんは半分に切ってから玉ねぎの長さに合わせて薄切りに。長ねぎ、青陽とうがらしは斜め切りにする。

2
イカはお腹を切って内臓を取り出してきれいに洗う。足は流水で洗いながら吸盤の中の汚れを取り除く。

3
湯を沸騰させてイカを入れ、2〜3分ゆでたら取り出す。

4
イカの胴体は半分に切ってから1〜2cm幅にカットする。足の部分も長さをそろえて切る。

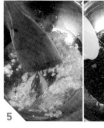

5
熱したフライパンにサラダ油、にんにくのみじん切りを入れて炒める。粉とうがらし、しょうゆ、砂糖、コチュジャン、こしょうを加え煮込む。

6
タレが沸騰してきたらイカを入れて、タレと絡むように混ぜる。

7
玉ねぎ、ズッキーニ、にんじん、青陽とうがらしを加え、さらに炒める。

8
野菜にタレがなじみ、半分ほど火が通るまで強火で手早く炒める。

9
長ねぎ、ごま油を加えて混ぜたら、火を止めて器に盛りつける。仕上げにごまを振ったら完成。

韓国式卵焼き（タルギャルマリ）
달걀말이

いつの時代も、卵焼きは子どもたちの一番人気で、お弁当の永遠の定番です。
細かく刻んだ野菜を入れて、具だくさんで作るのが韓国式。ケチャップをつけて
食べるなど、酒のつまみとしても広く愛されるメニューです。

材料

卵	5個
長ねぎ	30g
玉ねぎ	30g
にんじん	20g
塩	小さじ½
砂糖	小さじ⅓
サラダ油	大さじ3

1 にんじん、玉ねぎ、長ねぎをみじん切りにする。

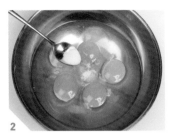

2 ボウルに卵を割り入れ、塩と砂糖を加える。

3 箸でよくかき混ぜて卵を溶く。

4 1で切った野菜を卵に加えてさらに混ぜる。

5 四角いフライパンにサラダ油をひいて熱したあと、弱火にして4の卵液を半分ぐらいそそぐ。

6 卵液をフライパンいっぱいに均等に広げ、火を通す。

ペク先生の
ひとことメモ

卵焼きをきれいに作るポイントは火加減と油です。卵液は必ず弱火で入れましょう。強火で入れてしまうと急に火が通って固くなり、穴ができやすくなります。また油を入れすぎると表面がデコボコしてムラになりやすいので注意。油を入れたらキッチンペーパーで均等にのばしてあげるといいでしょう。

ペク先生の
ひとことメモ

卵は、箸で溶きましょう。泡立て器を使うと泡で表面がデコボコになってしまいます。溶く際に酢を1〜2滴入れるとなめらかにほぐれます。さらに溶き卵をざるやふるいでこしてあげると、カラザが除去され、やわらかい卵焼きになります。また野菜と一緒に、卵液に1/3カップ程度の水や昆布のだし汁を入れるとよりやわらかくなり、牛乳を入れるとふっくらした質感を出せますよ!

7
卵の端に火が通り、上面が乾きはじめたら、1/3の大きさに巻いていく。

8
卵をひっくり返してフライパンの片側に寄せ、あいたスペースにサラダ油を回し入れる。

9
そこに残りの卵液を入れる。

10
新たに入れた卵液を、先に巻いておいた卵焼きとつながるように均等に広げていく。

11
卵の端に火が通り、上面が乾きはじめたら、先に巻いた卵焼きと一緒にもう一度巻いていく。

12
巻くときは、箸とフライ返しを使って両手で巻いていくと、うまくできる。

13
卵焼きを少し押して焼き目をつけて、ひっくり返すと中まで完全に火が通る。

14
火から上げて、完全に冷めたら包丁を寝かすように斜めに入れて切る。

野菜マヨサラダ

채소마요네즈샐러드

ゆでたじゃがいもと、いろいろな野菜や果物をマヨネーズで和えて食べる代表的な韓国式サラダ。じゃがいもは潰して食べてもよし、さいの目に切って歯ごたえを残してもよし。それぞれ違った食感を楽しめます。

材料

じゃがいも	340g
きゅうり	100g
（塩…小さじ½）	
にんじん	50g
玉ねぎ	30g
セロリ	25g
リンゴ	70g
ハム	50g
砂糖	大さじ1½
ホワイトペッパー	少々
マヨネーズ	120g
生クリーム	大さじ2
酢	大さじ1½

1 きゅうりは縦4等分にしてから、長さ1.5cmに切る。

2 きゅうりに塩を振る。

3 よく混ぜ合わせて、40分ほど塩漬けにする。

4 塩漬けしたきゅうりは、水で洗ってから水気を切る。

5 きゅうりを漬けている間に野菜を切る。にんじん、玉ねぎは1.5cmほど、セロリは1cmほどのサイズに切る。

6 リンゴ、ハムも1.5cm程度のサイズに切る。

ペク先生の
ひとことメモ

野菜や果物に水気が残っていると、マヨネーズと和えるときに水分が邪魔になって食感が悪くなってしまいます。材料を切ったら、ガーゼやキッチンペーパーで包んで水分を取りましょう。レシピの具材以外にも、柿やキウイフルーツ、かにかまぼこ、エンドウ豆、ピーナッツ、レーズンなどもオススメです！

じゃがいもと野菜がたっぷりのサラダは、前菜としてはもちろん、腹持ちがいいのでメインのおかずメニューとしても優秀です。酢で酸味を、生クリームで香りを出してあげるといいでしょう。また、お好みでマヨネーズの代わりにプレーンヨーグルトを使うと、低カロリーで甘酸っぱい味になります。

7

じゃがいもは皮をむき、ほかの野菜とサイズをそろえて角切りにする。

8

沸騰したお湯にじゃがいもを入れ、10分間ゆでて取り出す。長くゆでると崩れてしまうので、火が通るくらいまでにする。

9

ゆでたじゃがいもをざるに上げ、水気を切る。

10

大きめのボウルに、じゃがいも、塩漬けしたきゅうり、にんじん、玉ねぎ、セロリ、リンゴ、ハムを入れる。

11

砂糖とホワイトペッパーを加える。

12

マヨネーズ、生クリーム、酢を入れる。

13

具材とソースをよく混ぜたら完成。

ほうれん草のナムル

시금치무침

独特の甘みと瑞々しさがあるほうれん草を、ごま油としょうゆで和えたナムルは、韓国の食卓における永久不滅の定番メニュー。ゆでて和えるだけの簡単レシピながら、ビタミンAや葉酸など栄養豊富な頼れる副菜です。

材料

ほうれん草 ……………………300g
（塩…大さじ ½）
長ねぎ……………………………30g
しょうゆ …………………… 大さじ1
にんにくのみじん切り ……… 大さじ ½
塩 …………………………… 大さじ ⅓
ごま油 ……………………… 大さじ1½
ごま…………………………… 小さじ1

1
ほうれん草は根元をきれいに洗い、
株を切って半分に分ける。

2
長ねぎは小口切りにする。

3
多めの湯を沸かし、塩を大さじ½入
れてから、ほうれん草を1分ほど湯が
く。ゆですぎると食感が悪くなるの
で、やわらかくなったらすぐ取り出す。

4
取り出したほうれん草を冷水ですす
ぐ。2〜3回すいだら水気を軽く
切っておく。切りすぎて水分がなくな
ると味が落ちるので注意。

5
固まっているほうれん草をほぐす。こ
れにより、和える調味料がよく染み
わたる。

6
ほうれん草に長ねぎ、しょうゆ、塩大
さじ⅓、にんにくのみじん切りを加え
る。

ペク先生の
ひとことメモ

ほうれん草は塩を入れて湯がくことで、緑
色が鮮やかになります。やわらかくなったら
すぐに取り出して、冷水ですすげば食感も
アップ。ゆですぎるとフニャフニャで食感が
落ちる上に、栄養分も飛んでしまいます。
味と食感を生かすため、水気を切る際も軽
くしぼるだけでOKです。

7
ほうれん草に調味料がよく染みわた
るように手でしっかり混ぜる。

8
最後にごま油、ごまを入れて、もう一
度混ぜたら完成。

もやしのナムル

콩나물무침

豆もやしを使ったナムルは、ほうれん草と並んで韓国家
庭料理には欠かせない常備菜。もやしは安価かつどこ
でも手に入る食材にもかかわらず、ビタミンなど栄養豊
富でコスパ抜群の野菜なのです。

材料

豆もやし……………………………300g
（塩…大さじ½）
わけぎ………………………………25g
にんじん……………………………25g
クッカンジャン［薄口しょうゆ］
　………………………………… 大さじ½
にんにくのみじん切り……… 大さじ½
塩……………………………… 大さじ⅔
砂糖………………………………小さじ½
ごま油…………………………… 大さじ1½
ごま………………………………… 小さじ1

1 豆もやしはひげ根を切り、きれいに洗う。

2 わけぎは4〜5cmの長さに切る。にんじんは、わけぎの長さに合わせて細切りにする。

3 多めの湯を沸かし、塩を大さじ½入れてから、もやしを入れる。4〜5分ゆでて、火が通って香りがしてきたら取り出す。

4 取り出したもやしを冷水ですすぎ、ざるに上げて水気を切る。しぼると固くなってしまうので、必ずざるに上げて水気を切るようにする。

5 もやしをボウルに移し、わけぎ、にんじんを加える。

6 クッカンジャン、にんにくのみじん切り、塩、砂糖で味つけする。

7 野菜と調味料をよく混ぜる。

8 ごま油を加えて、よく混ぜる。

9 最後にごまを振り、もう一度混ぜたら完成。

もやしのピリ辛ナムル

매운콩나물무침

「もやしのナムル」に、コチュカル（粉とうがらし）をひと振り。鮮やかな赤みと、ピリッとした辛さが加わって、一度食べたら箸が止まらないやみつきおかずに変身します。

1
豆もやしはひげ根を切り、きれいに洗う。

2
わけぎは細かく刻む。

材料

豆もやし	300g
（塩…大さじ ½）	
わけぎ	25g
にんにくのみじん切り	大さじ ½
粉とうがらし（粗挽き）	大さじ1
しょうゆ	大さじ2
塩	大さじ ⅔
砂糖	小さじ ½
ごま油	大さじ1½
ごま	小さじ1

3
多めの湯を沸かし、塩を大さじ ½ 入れてから、もやしを入れる。4〜5分ゆでて、火が通り香りがしてきたら取り出す。

4
取り出したもやしを冷水ですすぎ、ざるに上げて水気を切る。

5
もやしをボウルに移し、わけぎ、にんにくのみじん切りを加える。

6
粉とうがらし、しょうゆ、塩、砂糖で味つけする。

ペク先生の
ひとことメモ

もやしは、沸騰した湯に塩と一緒に入れて、ふたをせずにゆでることで独特の生臭さがなくなります。ゆですぎると食感が悪くなってしまうので、4〜5分ゆでたらすぐに冷水ですすぎ、ざるで水気を切りましょう。なお、温かいナムルにしたいなら、冷水ですすがずにざるで水気を切ればよいです。

7
調味料が均等にいきわたるようによく混ぜる。

8
ごま油、ごまを加えて、もう一度混ぜたら完成。

わらびのしょうゆ炒め（コサリポックン）

고사리볶음

山菜の代表格であるわらびは、噛めば噛むほど味と香りが染み出す野菜です。
えごま油と、米のとぎ汁を使って2段階に分けて炒めることで、やわらかくなり、味
にもグッと深みが出ます。

材料

わらび	200g
長ねぎ	20g
米のとぎ汁	½カップ（約95mL）
えごま油	大さじ2
にんにくのみじん切り	大さじ1
クッカンジャン［薄口しょうゆ］	大さじ2
砂糖	小さじ½
塩	小さじ½
ごま	小さじ1

1　わらびは水煮か、干しわらびを水でふやかしたものを用意し、洗って水気を切り、6〜7cmの長さに切る。

2　長ねぎを小口切りにする。

3　やや深さのあるフライパンに、えごま油、にんにくのみじん切りを入れて炒める。

4　にんにくの香りが漂ってきたら、わらびを入れる。

5　わらびに油の香りがいきわたるように炒める。

6　米のとぎ汁を加え、弱火で炒める。米のとぎ汁がなければ水でも可。

ペク先生の
ひとことメモ

長期保存がきく「干しわらび」を使う場合は、水で何度かすすいで汚れを取り除いたあと、水に浸けてふやかす必要があります。やわらかくふやけたら、熱湯で湯がいて、再度冷水に浸しておけば、毒性も苦味もなくなります。

7　クッカンジャン、砂糖、塩で味つけし、混ぜたら鍋にふたをして、2〜3分置く。

8　長ねぎ、ごまを入れて混ぜたら、火を止めて完成。

大根のピリ辛サラダ（ムセンチェ）

무생채

ピリ辛でシャキシャキ大根の歯ごたえがあるサラダは、簡単ながら食欲をそそる一品です。辛いのが苦手な方は、コチュカル（粉とうがらし）を少なくして酢を入れると、酸味がきいてお肉料理とよく合う副菜になります。

1

大根は、手袋をしてスライサーで千切りにする。

2

長ねぎは斜め切りにする。

材料

大根	600g
長ねぎ	110g
粉とうがらし（粗挽き）	大さじ2
にんにくのみじん切り	大さじ1
しょうがのすりおろし	小さじ⅓
カナリエキス（魚醤）	大さじ2
砂糖	大さじ2
ごま	大さじ1
塩	大さじ1

3

千切り大根に粉とうがらしを入れる。

4

大根がちぎれないよう注意しながらよく混ぜ合わせ、大根にとうがらしの赤い色を染みこませる。

辛さ控えめ甘口の場合

大根	600g
酢	1カップ（約190mL）
砂糖	大さじ8
粉とうがらし（細挽き）	大さじ½
塩	大さじ1

5

長ねぎ、にんにく、しょうが、カナリエキス（魚醤）、砂糖、ごま、塩を加える。

6

野菜と調味料をよく混ぜ合わせたら完成。

辛さ控えめ甘口ムセンチェの作り方 —————————

1

千切り大根に酢、砂糖を入れる。

2

粉とうがらしを入れる。

3

大根と調味料をよく混ぜ合わせ、最後に塩を入れて混ぜたら完成。

きゅうりのピリ辛和え（オイムチム）

오이무침

コチュカル（粉とうがらし）のピリ辛と、酢の適度な酸味が、食欲増進をお手伝い。
きゅうりのさわやかな香りやポリポリ食感も相まって、箸がよく進みます。キムチによ
く使われるキキョウや、ゆでたイカを入れるなど多彩なアレンジも可能です。

材料

きゅうり	440g
玉ねぎ	120g
わけぎ	40g
にんじん	30g
粉とうがらし（粗挽き）	大さじ⅔
にんにくのみじん切り	大さじ1
しょうゆ	大さじ1
砂糖	大さじ1½
塩	大さじ1½
酢	大さじ4
ごま油	大さじ1
ごま	小さじ1

1 きゅうりを縦に四等分する。

2 四等分したきゅうりを、4〜5cmの長さに切る。

3 にんじんは長さ4〜5cm、幅2cmの薄切りにする。玉ねぎは1cm幅の細切りにする。わけぎは4〜5cmの長さに切る。

4 切った野菜をすべてボウルに入れる。

5 粉とうがらし、にんにくのみじん切り、しょうゆ、砂糖、塩を入れる。

6 さらに酢を加える。

ペク先生の
ひとことメモ

きゅうりは表面にブツブツがありますが、水に浸けたあとに塩をもみこんでから洗えば、異物感がなくなり、農薬もきれいに落とせます。棒状に切ってから、塩（大さじ1）を振って30分ほど漬けておき、水気を切ってから和えてもOK。きゅうりを事前に塩漬けする場合、調味料から塩を抜いて味を調えましょう。

7 野菜と調味料をよく混ぜ合わせる。

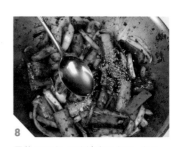

8 最後にごま、ごま油を入れて、もう一度よく混ぜたら完成。

ピリ辛きゅうりの酢の物（オイチョムチム）
오이초무침

きゅうりを輪切りにして酢の物を作れば、調味料の味がよく染みこんで、きゅうりの香りも際立ちます。辛いのが苦手な方は、コチュカル（粉とうがらし）の量を減らして好みの味に調節しましょう。

材料

きゅうり	490g
長ねぎ	40g
粉とうがらし（粗挽き）	大さじ2
砂糖	大さじ2
しょうゆ	大さじ1
塩	大さじ½
酢	大さじ4
ごま	小さじ1

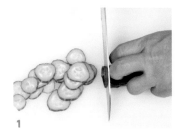

1 きゅうりは薄く輪切りにする。

2 長ねぎは小口切りにする。

3 ボウルにきゅうりと長ねぎを入れる。

4 粉とうがらし、砂糖、しょうゆ、塩を入れる。

5 さらに酢を加える。

6 きゅうりと調味料をよく混ぜ合わせる。

ペク先生の
ひとことメモ

きゅうりを切る前に、酢を大さじ½〜1ほど入れた冷水に10分程度浸けておくと、きゅうりの味わいが増して酢の物がよりおいしくなります。また長ねぎだけでなく、玉ねぎのみじん切りも加えると、甘みが加わってより深みが出ます。

7 きゅうりにまんべんなく調味料がついて赤く色づくようにする。

8 最後にごまを入れて混ぜたら完成。

韓国式切り干し大根（ムマルレンイムチム）

무말랭이무침

細切りにして太陽の下でカラッと干した大根を水でやわらかくして、いろいろな辛
味調味料で和えれば韓国式の切り干し大根が完成。葉とうがらしを混ぜれば、
いいアクセントになってさらにおいしくなります。

材料

切り干し大根……………………100g
乾燥葉とうがらし ………………6g
粉とうがらし (細挽き)…………大さじ3
水あめ (またはオリゴ糖)…………大さじ5
砂糖………………………………大さじ4
カナリエキスかミョルチエキス (魚醤)
………………………………大さじ2
にんにくのみじん切り ………大さじ1½
塩……………………………大さじ1½
ごま………………………………大さじ1

1 切り干し大根はぬるま湯につけて3時間ほど、乾燥葉とうがらしはぬるま湯につけて4時間ほどふやかす。

2 ふやかした切り干し大根と葉とうがらしは、水を替えて2〜3回きれいに洗い、水気をしっかり切る。

3 大きめのボウルに切り干し大根と葉とうがらしを入れる。固まっているとうがらしの葉はほぐす。

4 粉とうがらし、水あめ、砂糖、にんにくのみじん切り、塩を入れる。

5 カナリエキス (魚醤)、ごまを入れる。

6 切り干し大根に調味料をもみこみながら混ぜる。

ペク先生の
ひとことメモ

細挽きの粉とうがらしを十分にもみこむことで、切り干し大根はとてもきれいな色になります。また水あめ、砂糖の甘みが切り干し大根の辛味をうまく引き立ててくれます。密閉容器に入れて1〜2日置くことで、味がよく染みて、大根もやわらかくなります。

7 切り干し大根にとうがらしの赤い色がしっかりついたら、密閉容器に入れて1日くらい置いてから食べる。

韓国おでん炒め（オムクポックン）

어묵볶음

韓国のおでんといえば、魚のすり身を油で揚げた四角い「オムク（練りもの）」が有名で、そのオムクを使った炒め物は、昔からお弁当の定番。食べ盛りのお子さんから、懐かしい味を覚えている大人まで、みんなが大好きなおかずメニューです。

材料

韓国おでん（揚げかまぼこ）	280g
玉ねぎ	150g
にんじん	50g
長ねぎ	90g
サラダ油	大さじ3
にんにくのみじん切り	大さじ1
しょうゆ	大さじ3
砂糖	大さじ1
ごま油	大さじ1
塩	小さじ½

1 韓国おでんは1cm幅に細長く切る。

2 玉ねぎは1cm幅の細切り、にんじんは1cm幅の薄切り、長ねぎは斜め切りにする。

3 フライパンにサラダ油、にんにくのみじん切りを入れて炒める。

4 韓国おでん、玉ねぎ、にんじんを入れ、混ぜながら炒める。

5 しょうゆ、砂糖、塩を加え、混ぜながら炒める。

6 韓国おでんがやわらかくなり、野菜に火が通ったら、ごま油、長ねぎを加え、混ぜて火を止めれば完成。

ペク先生の
ひとことメモ

韓国おでんは魚のすり身を油で揚げているので、少し油っこいと感じるかもしれません。あらかじめ沸騰した湯にくぐらせて油抜きをしてから調理すれば、よりあっさりした味になります。調理のコツは、にんにくを先に炒めて香りを出してから具材を入れること。にんにくの風味が全体に染みこんでおいしくなります。

韓国おでんとじゃがいもの ピリ辛炒め（オムクカムジャポックン）

어묵감자볶음

韓国おでんのオムク（練りもの）は、韓国では安くて手に入りやすい便利な食材です。このメニューではコチュカル（粉とうがらし）でピリ辛に味つけしますが、じゃがいもを入れることで辛さがやわらぎ、食べやすい味になります。

材料

韓国おでん (揚げかまぼこ)	280g
じゃがいも	150g
玉ねぎ	150g
長ねぎ	90g
サラダ油	大さじ3
にんにくのみじん切り	大さじ1
しょうゆ	大さじ6
砂糖	大さじ2½
水	⅓カップ (約65mL)
粉とうがらし (細挽き)	大さじ1½
ごま油	大さじ1

1
韓国おでんは縦半分に切ってから1
〜1.5cmの幅に切る。

2
じゃがいもは皮をむいて4等分し、韓
国おでんの厚さに合わせて薄切りに
する。

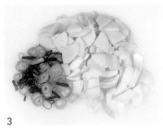

3
玉ねぎはじゃがいもの大きさに合わ
せて切る。長ねぎは小口切りにする。

4
フライパンにサラダ油、にんにくのみ
じん切りを入れて炒め、次にじゃが
いもを加えて炒める。

5
じゃがいもに火が通ったら、韓国お
でん、玉ねぎを入れて炒める。

6
しょうゆ、砂糖を入れ、水をそそいで
韓国おでんがやわらかくなるように
炒める。

> ペク先生の
> ひとことメモ

じゃがいもは韓国おでんより火を通すのに
時間がかかるので、必ず先に炒めるように
しましょう。ある程度火が通ってから、韓国
おでんを入れればOK。また、じゃがいもと
韓国おでんはやわらかくなる前に焦げやす
いので、水を入れて炒めるといいですよ。

7
粉とうがらしを入れ、混ぜながら炒
める。

8
最後に長ねぎ、ごま油を入れる。混
ぜたら火を止めて完成。

じゃこ煮干し炒め（ジャンミョルチポックン）

잔멸치볶음

老若男女に愛されているじゃこの煮干しを、しょうゆベースのタレで炒めます。カルシウムが豊富な煮干しは子どもの成長によく、お弁当のおかずとしても人気。最初に乾煎りして水分を飛ばしてから、改めて油をひいて炒めると、香ばしさが出ます。

材料

煮干し	50g
青とうがらし	10g
サラダ油	大さじ2
しょうゆ	大さじ2
水あめ（またはオリゴ糖）	大さじ1
砂糖	大さじ½
ごま油	大さじ1
ごま	小さじ1

1 油はひかずに、フライパンに煮干しを入れ、2〜3分ほど乾煎りする。

2 乾煎りした煮干しをざるに入れ、余分な粉を振り落とす。

3 フライパンをきれいに拭いて、今度はサラダ油をひいて煮干しを炒める。

4 炒めた煮干しをフライパンの片側に寄せ、フライパンを斜めにして、しょうゆ、水あめを入れてタレを煮る。

5 タレが沸騰してきたら、斜め切りにした青とうがらしを入れてさらに煮込む。

6 青とうがらしとタレが沸騰したら、煮干しと混ぜながら炒める。

7 砂糖、ごまを入れる。

8 よく混ぜながら炒める。

9 最後にごま油を加えたら火を止めて完成。

煮干しの
コチュジャン炒め
（ミョルチコチュジャンポックン）

멸치고추장볶음

じゃこ（小さい煮干し）はしょうゆと砂糖でサックリ炒めて香ばしさを生かしますが、大きな煮干しはコチュジャンのソースに絡めてピリ辛でいただきましょう。辛さを加えることで、生臭さを感じなくなります。

材料

大きめの煮干し	50g
サラダ油	大さじ2
しょうゆ	大さじ2
コチュジャン	大さじ½
にんにくのみじん切り	大さじ½
砂糖	大さじ1½
水	大さじ2
水あめ（またはオリゴ糖）	大さじ1
ごま油	大さじ1
ごま	小さじ1

1
煮干しは大きめのものを準備し、頭を取って半分に切り、内臓を取り出す。

2
油はひかずに、フライパンに煮干しを入れ、2〜3分ほど乾煎りして水分を飛ばす。

3
乾煎りした煮干しをざるに入れ、余分な粉を振り落とす。

4
フライパンをきれいに拭いて、今度はサラダ油をひいて煮干しを炒める。

5
煮干しをフライパンの片側に寄せ、フライパンを斜めにして、しょうゆ、コチュジャン、にんにくのみじん切り、水、砂糖、水あめを入れる。

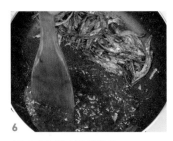

6
タレを混ぜながら煮込む。

ペク先生の
ひとことメモ

大きめの煮干しは、頭と内臓を取ってから炒めることで苦みがなくなります。煮干しは独特の生臭さがありますが、最初に油をひかず乾煎りして水分を飛ばすことで、くさみは取れます。タレと混ぜたあと、煮干しは手早く炒めましょう。そうすると焦げつかないですよ！

7
タレが沸騰してきたら、煮干しと混ぜて手早く炒める。

8
煮干しにタレがなじんだら、最後にごま油、ごまを入れて混ぜる。皿に移して冷ましたら完成。

干しエビのコチュジャン炒め

（マルンセウポックン）

마른새우볶음

独特の香ばしさとコクがある干しエビも、大人から子どもまでハマる人が多い食材。
コチュジャンソースでピリ辛に炒めれば最高のごはんのお供になりますし、コチュジャ
ン抜きでしょうゆ、砂糖ベースで作ってもおいしくいただけます。

材料

干しエビ……………………………50g
サラダ油………………………大さじ2
しょうゆ………………………大さじ2
コチュジャン…………………大さじ1
水あめ (またはオリゴ糖)…………大さじ1
にんにくのみじん切り………大さじ½
砂糖……………………………大さじ2
ごま油…………………………大さじ1
ごま……………………………小さじ1

1 油はひかずに、フライパンに干しエビを入れ、2〜3分ほど乾煎りする。

2 乾煎りした干しエビをざるに入れ、余分な粉を振り落とす。

3 フライパンをきれいに拭いて、今度はサラダ油をひいて干しエビを炒める。

4 干しエビをフライパンの片側に寄せ、フライパンを斜めにして、しょうゆ、コチュジャン、水あめ、にんにくのみじん切り、砂糖を入れタレを作る。

5 タレを混ぜながら煮込み、十分に沸騰させる。

6 干しエビとタレを混ぜる。長時間炒めると焦げてしまうので、中火で手早く炒める。

ペク先生の
ひとことメモ

7 最後にごま油、ごまを入れて混ぜる。皿に移して冷ましたら完成。

干しエビには、ひげや足などが干からびたままくっついています。そのまま炒めると見た目がきれいではないので、乾煎りして粉を振り落としましょう。また調理のポイントは、タレが十分に沸騰してからエビと混ぜて手早く炒めること。そうすることで、干しエビのサクサク食感がうまく残ります。

煮卵

달걀장조림

ゆで卵に、しょうゆとにんにくの風味が十分に染みわたった煮卵は最高に贅沢な副菜です。じっくり漬けてから食卓に出すときは、卵を切ってにんにく、ししとうを添え、お好みでしょうゆを少しかけて食べましょう。

材料

卵……………………………………10個
（水…2.5L、塩…大さじ1、酢…大さじ2）
にんにく…………………………100g
ししとうがらし…………………100g
水…………………………………1L
しょうゆ……………2カップ（約380mL）
砂糖…………………………………大さじ8
水あめ（またはオリゴ糖）…………大さじ6
カラメル……………………………大さじ2

ペク先生の
ひとことメモ

沸騰したしょうゆのタレで、にんにく、ししとうを湯がいておくことで香りが染みて、とてもコクのある煮卵ができます。煮卵ができてからにんにく、ししとうを入れてもいいですが、その場合はあまり長い時間ゆでないよう注意。火が通りすぎると味が濃くなりすぎてしまいます。

1
卵は沸騰した湯2.5Lに塩、酢と一緒に入れてゆで卵を作り、冷水で冷やして殻をむいておく。にんにくは薄切りにする。

2
ししとうは、つまようじで3〜4回刺して穴をあけておく。これにより中まで調味料が染みこむ。

3
鍋に水1L、しょうゆ、砂糖、水あめ、カラメルを入れ、火をつけて混ぜる。

4
3が沸騰したら、にんにくを入れて1〜2分ゆでてから取り出す。これにより、にんにくの香りがタレによく染みこんでおいしくなる。

5
もう一度沸騰させ、ししとうを入れて2〜3分ゆでてから取り出す。ゆですぎると色が変わって固くなるので、少し火が通ったくらいで取り出す。

6
タレにゆで卵を入れ、中火で30分ほど煮込む。卵は途中で回しながら、味が均等に染みこむようにする。

7
卵が茶色になったら、火を止めて冷ます。

8
密閉容器に**4**と**5**で湯がいたにんにく、ししとうと一緒に煮卵を入れ、残ったタレをかける。

じゃがいもの甘煮（カムジャチョリム）

감자조림

じゃがいもをしょうゆ、砂糖をベースにしたタレでやわらかく煮込み、よく味を染み
込ませた煮物は、夏に人気のおかずです。辛い調味料は使わず、ほどよい甘さが
口の中に広がる一品は、子どもから大人まで幅広く人気です。

材料

じゃがいも……………………………800g
水………………………5カップ (約950mL)
しょうゆ…………… 1⅓カップ (約255mL)
砂糖…………………………½カップ (95g)
水あめ (またはオリゴ糖)…½カップ (130g)
にんにくのみじん切り ………… 大さじ1
サラダ油……………………………大さじ1

1 じゃがいもは皮をむき、2cm角でさいの目切りにする。

2 鍋に水、しょうゆ、砂糖、水あめ、にんにくのみじん切り、サラダ油を入れて火をつける。

3 2のタレが沸騰したら、じゃがいもを入れる。鍋の底にじゃがいもがくっつかないよう、混ぜながら煮込む。

4 30分ほど中火で煮込む。じゃがいもに調味料が染みこみ、崩れない程度に食べやすいやわらかさになったら完成。タレは少し残った状態でよい。

ペク先生の
ひとことメモ

普通のじゃがいもだけでなく、旬の時期には小さな新じゃがいもで作っても、また別のおいしさが味わえます。新じゃがの場合は、きれいに洗って皮のまましょうゆのタレに入れて煮込みましょう。皮のモチモチ食感も味わえて格別です!

大根の角切りキムチ（カクトゥギ）

깍두기

カクトゥギは、白菜キムチと並んで韓国を代表するキムチです。ひと口サイズに切った大根のシャッキリ食感と、コチュカル（粉とうがらし）のピリッとした辛さがクセになります。大根を漬けるときは、玉ねぎをすりおろして入れるとさっぱりした甘みが出ます。

材料

大根 ……………………………………… 1700g
（塩…大さじ5）
大根の葉 ……………………………… 100g
長ねぎ …………………………………… 60g
玉ねぎ …………………………………… 110g
小麦粉 ………………………………… 大さじ½
水 ……………………… 1カップ（約190mL）
にんにくのみじん切り ………… 大さじ2
しょうがのすりおろし ……… 大さじ⅓
粉とうがらし（粗挽き）………… 大さじ3
カナリエキス（魚醤）…………… 大さじ3
砂糖 ……………………………………… 大さじ4
アミの塩辛 ……………………… 大さじ1½
塩 …………………………………………… 大さじ1

1 大根を2.5cmの厚さに切る。

2 輪切りにした大根を3cm角のサイズでさいの目切りにする。

3 大根に塩大さじ5を振って混ぜたら、2時間ほど漬けておく。途中で一度混ぜる。

4 大根の葉をきれいに洗う。葉がない場合は、間引き大根などを使ってもいい。

5 大根の葉と長ねぎは1cm幅に切る。玉ねぎは大根のサイズに合わせてざく切りにし、ミキサーにかけて細かくする。

6 水1カップのうち大さじ3だけ使って、小麦粉を溶く。ダマにならないよう注意する。

ペク先生の
ひとことメモ

カクトゥギに大根の葉を使うと、シャキシャキ感が加わって大根の食感がより生かされます。大根の葉がない場合は、間引き大根、からし菜、わけぎ、白菜の葉などを使っても大丈夫です。葉を入れる際に小麦粉を水で溶いた糊を入れることで、青臭さがなくなります。

大根は秋から旬を迎えるので、この時期の甘くておいしいものを使うのがベスト。夏の大根は水気が多く甘みが少ないので、切ったら砂糖に漬けて甘みをつけてから、塩で漬けるとおいしく食べられます。また、カクトゥギの隠し味はアミの塩辛。一緒に漬けることで、後味がさっぱりして、色もきれいになりますよ！

7
カップに残った水を鍋に入れて火にかけ、**6**の水溶き小麦粉を入れて煮込む。よく混ざって小麦粉の糊ができたら、すぐに火を止める。

8
塩漬けした大根をざるに上げて水気を切る。大根の甘みが消えてしまうので、水で洗うのはNG。

9
大根と粉とうがらしをまんべんなく混ぜて、大根に赤い色をつける。

10
大根の葉、長ねぎ、にんにくのみじん切り、しょうがのすりおろし、砂糖、アミの塩辛、塩、玉ねぎのすりおろし、カナリエキス（魚醤）を入れる。

11
完全に冷ました**7**の小麦粉の糊を入れる。

12
具材をよく混ぜ合わせ、保存容器に入れて室温で2〜3日置く。大根に味がよく染みこんだら食べごろ。

全レシピ一覧

豆腐チゲ
p56

豚キムチチゲ
p58

ツナキムチチゲ
p60

ユッケジャン
p62

PART **3**
絶品おかず
メニュー

プルコギ
p68

牛のテール蒸し
p70

タンピョンチェ
p72

チャプチェ
p74

タコの辛炒め
p78

どんぐり寒天の和え物
p80

豚キムチ豆腐
p82

ポテトサラダ
p84

海鮮チヂミ
p88

キムチチヂミ
p92

野菜チヂミ
p94

韓国式茶碗蒸し
p96

PART 4
かんたん副菜
メニュー

イカの甘辛炒め
p100

韓国式卵焼き
p102

野菜マヨサラダ
p106

ほうれん草のナムル
p110

もやしのナムル
p112

もやしのピリ辛ナムル
p114

わらびのしょうゆ炒め
p116

大根のピリ辛サラダ
p118

きゅうりのピリ辛和え
p120

ピリ辛きゅうりの酢の物
p122

韓国式切り干し大根
p124

韓国おでん炒め
p126

韓国おでんとじゃがいもの
ピリ辛炒め　p128

じゃこ煮干し炒め
p130

煮干しのコチュジャン炒め
p132

干しエビのコチュジャン炒め
p134

煮卵
p136

じゃがいもの甘煮
p138

大根の角切りキムチ
p140

著者紹介

ペク・ジョンウォン

韓国の大手外食企業「THE BORN KOREA」代表。1993年より外食産業に足を踏み入れ、現在は「本家（ボンガ）」「ハンシンポチャ」「香港飯店0410」「セマウル食堂」「ペクタバン（PAIK'S COFFEE）」など数多くの人気外食チェーンを経営する実業家兼外食経営専門家。プロデュースした外食ブランドは20以上、運営する店舗数は2000を超える。日本、中国、アメリカ、オーストラリア、シンガポール、インドネシア、マレーシア、フィリピン、ベトナム、カンボジア、タイに進出し、韓国の食文化を世界に広めるべく尽力している。
その一方で、「料理するCEO」として数多くの料理番組にも出演。一般の家庭でも手軽に楽しめるオリジナルレシピを考案し、自ら紹介するYouTubeチャンネル「Paik's Cuisine」は、登録者数500万人を超える（2021年10月現在）。

訳者紹介

小林夏希

翻訳家。1986年、福岡県生まれの2児の母。韓国留学を経て韓国企業に就職した後、福岡にてスタートアップ企業やゲーム企業の翻訳、ウェブ漫画の翻訳などさまざまな分野で翻訳家として活動している。

Staff

デザイン	鈴木明子（フレーズ）
DTP	江部憲子（フレーズ）
校閲	小学館クリエイティブ校閲室
編集	寺澤 薫（小学館クリエイティブ）

ペク先生の
やみつき韓国ごはん
おうちでかんたん！家庭料理レシピ

2021年11月22日　初版第1刷発行
2023年 1 月23日　初版第7刷発行

著　者　　ペク・ジョンウォン
訳　者　　小林夏希
発行者　　尾和みゆき

発行所　　株式会社小学館クリエイティブ
〒101-0051 東京都千代田区神田神保町2-14 SP神保町ビル
電話0120-70-3761（マーケティング部）

発売元　　株式会社小学館
〒101-8001 東京都千代田区一ツ橋2-3-1
電話03-5281-3555（販売）

印刷・製本　大日本印刷株式会社